中世神功皇后言説

―日本人の精神文化の一側面―

上嶌真弓／著

溪水社

はしがき

神功皇后といえば、『日本書紀』での勇猛果敢な女傑を思い起こすことが一般的であろう。ほかにも、明治十四年（一八八一）から発行された政府紙幣である、改造紙幣の一円券以上紙幣に、日本初に印刷された人物であることが有名である。この札は一名神功皇后札とも言われた。

しかし、中世において、神功皇后が天照大神に並ぶほど人々に信仰されていたという事実は案外知られていないのではないだろうか。

橘成季編著により、建長六年（一二五四）に成立した説話集『古今著聞集』に次の様な話が収録されている。

北条義時は武内宿禰の後身たる事

誰ときゝ侍《はべり》しやらん、名をば忘《わすれ》にけり。其《その》人八幡に參て通夜したりける夢に、御殿の御戸をおしひらかせ給《たまひ》て、誠にけだかき御聲にて、「ここ《武内》」とめしければ、則《すなはち》御いらへ申《まうし》てまい《（ゐ）》らせ給《たまふ》。其《その》御體を見たてまつれば、高年白髪の俗形にまします。御装束は分明ならず。御前に畏《かしこまり》て、侍らひ給《たまふ》。御ひげしろくながくして、御居長とひとしかりけり。又御殿の内より、さきの御聲にて、「世の中乱《みだれ》なんとす。しばらく時政が子に成《なり》て世をお《（を）》さむべし」と仰出《おほせいだ》されければ、ここ唯称しておはしますと思ふ程に夢覺《さめ》にけり。此《この》事を思ふに、されば義時朝臣は彼《かの》御後身にや。（後略）

『古今著聞集』(1)

「ある人が、石清水八幡宮に一晩籠もって神に祈った時の夢だが、本殿の戸が開いて気高い声がして『武内』と呼ぶと、すぐに、白髪で長髭の老人が神前にでてきた。気高い声が続けて、『世の中が乱れようとしている。しばらく時政の子になって世を治めよ。』と言ったので、武内老は、応諾の返事をした。夢はここで覚めた。これは、義時朝臣は、武内宿禰の生まれ変わりということだろうか。」こういった内容である。

北条政子の弟であり、また忠実な臣下でもあった、北条義時を神功皇后の忠臣・武内宿禰の生まれ変わりとしているということは、北条政子が神功皇后と同一視されていたと考えてもいいのではないだろうか。『古今著聞集』の編者の橘成季は、『明月記』寛喜二年（一二三〇）六月二十五日条に、大臣・九条道家の近習として、「成季」と記述があり(2)、朝廷の近くに居た人物であると推測される。成季が『古今著聞集』を著した建長六年（一二五四）頃には、この様に朝廷周辺においても、政子と義時が神功皇后と武内宿禰に投影されていたと見て良いのではないだろうか。そして同時に、誰もが神功皇后について知っていたとも考える事が出来る。

日本の中世で一番政治に関与し、その評価が高い女人と言えば、やはり北条政子であろう。貴族のものであった政治を、その後長く明治まで武士のものにしたのは北条政子である、と言っても過言ではないのではなかろうか。政子が、源頼朝亡き後、ひしと武士達をまとめ、承久の乱においても、天皇・上皇達を相手に一歩も退かず勝利したことは、武家政治におけるメルクマールといえよう。

されればにや、鎌倉殿《かまくらどの》御治世《ごちせい》の後《のち》、その後家《ごけ》として、二位家《にゐけ》の御代《みよ》とて、承久《じようきゆう》の乱にも京方《きやうがた》をうち亡《ほろ》ぼし給ひける。女性《によしやう》なれども信力堅固《しんりきけんご》の故《ゆゑ》、たちどころに御利《ごり》生《しやう》を蒙《かうぶ》らせ給ふぞありがたけれ。されば、『平家物語』に『曾我《そが》』を添へて唐土《たうど》へ渡しける時も、唐人《たうじん》、これを披見《ひけん》して、「日本、小国《せうこく》なれども、かかる賢女《けんぢよ》のありけるよ」と感じ合ひけるとかや。

『曾我物語』[3]

『曾我物語』は、著者不明で、南北朝時代から室町前期にかけて成立したとされている軍記物語である。原型は鎌倉時代に成立したかともいわれているが、中世には民衆に広く普及し、曾我物として後代の文学・芸能に大きな影響を与えた。そこに、右の史料の様に政子のことが書かれている。

「鎌倉殿の後家として、二位家（北条政子）の御治世になり、承久の乱の時も京方を亡ぼしなさった。女性ではあったが、堅い信仰心をお持ちだったので、すぐに神仏の御利益を得られたのは尊いことである。だから、『平家物語』に『曾我物語』を添えて中国に渡した時も、中国の人がこの本を開いてみて、『日本は小国だが、この様な賢い女性がいたのだな』と感心し合った」というところだろうか。

これを見ても北条政子の評価は高かったと考えられるのではなかろうか。

　この北条政子と神功皇后が同一視されるということは、神功皇后も同じく、中世社会において高い評価を受けていたと思われる。

　神功皇后は、単なる八幡神（応神天皇）の母という立場だけで崇敬されていたのではなく、むしろ、神功皇后自身が、優れた女性政治家としての見本ではなかったか。

こういったことを踏まえた上で、中世に於ける神功皇后の姿を考察して行きたいと思う。

註

（1）『古今著聞集』（『古今著聞集』 日本古典文学大系 岩波書店 一九七六年）六四頁。
（2）『明月記』（『明月記 第三』 国書刊行会 一九七〇年）二一六頁。
（3）『曾我物語』（『曾我物語』 新編日本古典文学全集 小学館 二〇〇二年）一二一頁。

目次

中世神功皇后言説
—日本人の精神文化の一側面—

第一部　中世における神功皇后の認識と評価

はじめに

嘉禄元年（一二二五）七月、北条政子がその波乱に満ちた一生を終えた。『吾妻鏡』はそれを次の様に記している。

十一日庚午。晴。丑刻。二位家薨。御年六十九。是前大將軍後室。二代將軍母儀也。同于前漢之呂后令執行天下給。若又神功皇后令再生。令擁護我國皇基給歟云々。

［十一日　庚午　晴、丑刻、二位家薨ず、御年六十九、是前大將軍の後室、二代將軍の母儀なり、前漢の呂后に同じくして、天下を執行せしめ給ひ、若しくは又神功皇后再生せしめ、我國の皇基を擁護せしめ給ふかと云々。］

『吾妻鏡』(1)

源頼朝の妻であり、頼家、実朝の二人の将軍の母であった政子を、「神功皇后の再来である」と述べ、「天皇が国を治める事業の基礎を擁護させた」と書いている。

また、天台宗の僧慈円は、その著書『愚管抄』巻第三に、神功皇后が新羅・高麗・百済の三国に討ち入ったことを詳しく書き、妻后母后ヲ兼ジタルヨリ、神功皇后モ皇極天王モ位ニツカセオハシマス也。ヨキ臣家ノオコナフベキガアルトキハ、ワザト女帝ニテ侍ベシ　『愚管抄』[2]

と、「ヨキ臣家」と言う条件付きではあるものの、女人政治を肯定している。

さらに、慈円の甥にあたる藤原隆忠は、『六代勝事記』を記したが、それにも以下の様な一文がある。

むかしの皇太后は高祖の后也　高祖にをくれて猶世をおさめ　則天后は太宗の后なり　太宗の后なり　太宗にをくれてなを世をおさむ　我朝神功皇后は仲哀天皇の后也　天皇にをくれ給ひてなを世をおさめ　みづからいくさをおこして異國をなびかして天下を得たまえり　彼仲哀神功応神の三尊の金言を秘してひそかに玉体をあらはす　神魂を八幡の宗廟にのこして正眞を四海の王家にまもる　而頼朝卿の本誓をおもくせし後室　冥慮をたのむにあひかなひて　女性世をおさむるにたれる事直也　『六代勝事記』[3]

右の、三つの史料を読む限り、『吾妻鏡』の編者も慈円も藤原隆忠も、後家としての女性の政治参加を強調している様に考えられる。呂后は前漢の高祖の皇后で、高祖の死後、政権を独占した人物であり、皇極天皇は舒明天皇の皇后で、舒明天皇の亡き後、天皇となった人物である。『六代勝事記』にある「皇太后」は呂后を指している。

また、神功皇后も仲哀天皇の皇后であり、仲哀天皇亡き後、政務を行っている。しかし、『吾妻鏡』の編者も慈円も隆忠も女人が政治を行う事を認めている事にかわりはない。

前出の三つの史料から凡そ二百五十年後に、当時一の大学者と言われていた、一条兼良は『樵談治要』という意見書を書き、年少の将軍足利義尚に政治の要諦を説いたが、そこにも次の様にある。

> 此日本國をば姫氏國といひ又倭王國と名付て。女のおさむべき國といへり。されば天照太神は始祖の陰神也。神功皇后は中興の女主たり。『樵談治要』[4]

以上の史料の様に中世の女人政治の肯定には神功皇后が、しばしば用いられる。何故神功皇后が女人政治の鑑なのか。何故他の女帝達より神功皇后が注目されるのか。中世では神功皇后はどう認識され評価されていたのであろうか。先行研究は、古代分野のものは幾つかあるが、中世のものは今のところ久保田収氏のものしか見当たらない。[5]久保田氏は八幡信仰と蒙古襲来を起点としているが、はたしてそれだけだったのだろうか。いまからこれ等のことを検証して行きたいと思う。

第一章　中世では神功皇后はどう認識されていたか

第一節　女帝としての認識

勅撰の歴史書として編纂された『日本書紀』では、神功皇后を

稚日本根子彦大日々天皇之曾孫。氣長宿禰王之女也。

〔稚日本根子彦大日々天皇（開化天皇）の曾孫、気長宿禰王の女なり。〕『日本書紀』(6)

と書いており、一章を割いていることから、天皇と看做しても良いと思う。では中世ではどう考えられていたのであろうか。史料を見て行くことにする。

なお、『古事記』については、天武天皇の命により、稗田阿礼が「誦習」し、太安万侶が撰録したもので、『日本書紀』より八年も先に成立しているが、あくまで、歴史物語であるうえ、世に広まった時期も不確かであるので、敢えて取り扱わないこと

にした。

まず、神功皇后が出てくる史料を時代の古い順から抽出してみようと思う。

史料1

大將の、あづかりの若宮《わか》は、たゞ人《(うど)》になさんの本意深《ほいふか》き」と、聞《き》きしかど、「襁褓《むつき》にくゝまれ給へる、女帝《(によ)たい》にゆづり置《を》き、（後略）。

（『狭衣物語』：平安中期(7)）

史料2

神功天皇　十五代　治六十九年　王子一人卽位　女帝始之
開化天皇曾孫。仲哀天皇后。氣長足姫也。母葛木高額媛也。
［神功天皇　十五代　治ムルコト六十九年　王子一人卽位　女帝コレ始メナリ開化天皇曾孫。
仲哀天皇后。氣長足姫也。母葛木高額媛也。］

（『扶桑略記』：平安後期(8)）

史料3

第十五代　神功《しんくう》皇后六十九年崩ズ、年百、大和國狭城楯列池《サキタヽナミノ》ノ上陵ニ葬ス　つぎのみかど神功皇后と申しき、開化天皇の御曾孫《おんひひご》なり、仲哀天皇の后にておはせしなり。御母葛木高額媛《カツラキタカヌカ》、辛巳の歳十月二日位につき給ひき。女帝は、この御時始まりしなり。世をたもち給ふこと六十九年、御心ばへめでたく、御かたち世にすぐれ給へりき。

（『水鏡』：平安後期[9]）

史料4

神功皇后　攝政　六十九年　御歳百

開化天皇五世のむまこ息長宿禰女也母は葛城高額姫《カツラキタカヌカヒメ》仲哀の后息長足姫と申磐余稚《イハアレワカ》櫻宮におハします大和國也仲哀神のをしへによりて新羅をうたむかために竹紫におハしますあひた俄にうせ玉ひぬ皇后みつから軍をかへ《おこ》して渡らんとし玉ふにうみ月にあたれるによりていしをとりて、かへりて後むまれ玉へとちかひ玉ふにたちまちおとこのかたちとなりて新羅へ渡り玉ひぬさて新羅高麗百濟三の國をうちとりてかへり給ひてのち竹紫にて應神天皇はむまれさせ給ひぬそのおさなくおハします程皇后世のまつりことをして武内大臣をうしろみとせり。

（『簾中抄』：平安末に成立し、その後南北朝時代まで書き継がれた[10]）

史料5

十五、一神功《じんぐう》皇后　攝政《せつしやう》六十九年　元年辛巳《かのとみ》　卅二　御年百

仲哀天皇ノ后ナリ。開化御子彦生命《ひこいますのみこと》皇子。此御子ニ大筒城眞稚《おほつつきまわか》、此御子ニ息《おき》長宿禰《ながのすくね》、此御子ニ神功皇后也。母葛木高額媛《かつらぎのたかぬかひめ》。大和國磐余稚櫻《〈イハレワカサクラノ〉》宮。

大臣武内宿禰。
男ノスガタヲシテ新羅《しらぎ》、高麗《こま》、百済《くだら》三ノ國ヲ討取《うちとり》テ、應神天皇ヲウミタテマツリ、武内ヲモテ為《ス》二後見《うしろみト》一。應神ノ兄ノ御子タチ謀反《むほん》ノ事有ケリ。此武内大臣皆ウチ勝テケリ。此事サノミハ代々注《しるし》ツクシガタシ。

（『愚管抄』：鎌倉初期(11)）

史料6

神功皇后、又開化ノ五世ノ女帝ハジマリテ、應神天皇イデオハシマシテ、今ハ我國ハ神代ノ氣分アルマジ、

（『愚管抄』：鎌倉初期(12)）

史料7

ツギニ世間ノ道理ノ經重《けいちょう》ヲタツルニ、欽明ノ御子ニテ敏達《びんだつ》、推古、イモウトセウトニテシカモ妻后ニテ推古天王ノオハシマス。イカニイモウトヲバ妻ニハシ給ヒケルゾト云《いふ》コトハ、其比《そのころ》ナドマデハ是ヲハヾカルベシト云事ナカリケルナルベシ。加様ノ禮義者《は》ノチザマニ、コトニ佛法ナドアラハレテ後定《さだめ》ラル、也。其《それ》ニ神功皇后ノ例モ有《あり》。推古ノヤガテ御即位ハアルベキナリ。

（『愚管抄』：鎌倉初期(13)）

史料8

皇極ト申《まうす》ハ、敏達《びんだつ》ノヤシハゴ、舒明ノ后ニテ、天智天皇ヲウミタテマツリテ東宮

ニタテ、ヤガテ位ニツキテオハシマシケルハ、神功皇后ノ例ヲ、ヲハレケルトアラハニミエ侍リ。

（『愚管抄』：鎌倉初期）[14]

史料9

今ノ大菩薩ハ十六代ノ應神天王也、御父ハ大和武命ノ尊ノ御子ノ仲哀天王ト申キ、御母ハイキ《息》ナカ《長》スクネノ王ノ御女神功皇后也、父母トモニ皇帝ニテヲハス、

（『八幡宮寺巡拝記』：一二六一～一二六八年）[15]

史料10

右大菩薩は、日本国人王第十六代の応神天皇の霊跡也。第十四代の仲哀天皇の第四の御子、御母儀は第十五代の神功皇后におわします。

（『八幡愚童訓：乙』続群書類従本：一三〇一～一三一四年）[16]

史料11

此后ト申ハ十五代ノ帝王神功皇后、後ニハ神明ト顕テ聖母大菩薩ト申キ。

（『八幡愚童訓：甲』群書類従本：一三〇八～一三一八年）[17]

史料12

皇后ハ気長足《おきながたらし》宿禰女ニシテ、開化天皇五世ノ孫、御母儀高額姫也。卅二ノ御歳

帝位ニ即、

（『八幡愚童訓：甲』群書類従本：一三〇一～一三一八年）(18)

史料13

十四代ノ国王ヲバ、仲哀《ちうあい》天皇トゾ申ケル。其后《きさき》ヲバ、神功《じんぐう》皇后トゾ申ケル。帝崩《みかどほう》御《ぎょ》成テ後、世ヲ治玉《をさめたま》フ。女帝《にょてい》ノ御門《みかど》ノ始《はじめ》也。御心極《きはめ》テ武《たけ》クゾ御座《おはし》マス。（略）七十歳ニ成《なり》玉フマデハ、神宮《ママ》皇后モ御勇健ニテ、世ヲ治《をさめ》給フ事七十年、遂ニ百歳ニテ崩御成テ、皇子七十歳ニシテ、初《はじめ》テ世ヲ治（給）フ事四十三年、応神《おうじん》天皇ト申ス。今ノ八幡大菩薩《はちまんだいぼさつ》ニテゾマシマシケル。

（『承久記』：鎌倉末～南北朝）(19)

史料14

十五代神功皇后。氣長足姫尊。仲哀天皇之后。開化天皇之曾孫氣長宿禰王之女也。（略）群臣皇后尊而皇太后ト曰。同三年癸未歳春正月譽田別皇子皇太子立給。御世ヲ治給事六十九年而四月十五日崩御。于時御年一百歳。（略）此帝御宇十一年辛卯歳住吉大明神長門國豊浦京ニ垂跡云々。

（『神皇正統録』：南北朝前後）(20)

史料15

将軍といふは人皇十二代景行の御ときに東夷起る。御子日本武尊を以大将軍としてこれを征伐し玉ふ。同十五代神功皇后みづから将軍として諏訪住吉の二神相伴ひ給ひて三韓を平げたまふ。同三十二代用明天皇の御宇。厩戸王子みづから大将として守屋大臣を誅し給ふ。

（『梅松論』：一三三九年以後[21]）

史料16

第十五代、神功《じんぐう》皇后ハ息長《おきなが》ノ宿禰《すくね》ノ女、開化《かいくわ》天皇四世ノ御孫也。息長足《おきながたらし》姫ノ尊ト申ス。（略）サテツクシニカヘリテ皇子ヲ誕生ス。應神天皇ニマシマス。神ノ申《まをし》給シニヨリテ、是ヲ胎中《たいちゆう》ノ天皇トモ申。皇后攝政《せつしやう》シテ辛巳《かのとみ》年ヨリ天下ヲシラセ給。（略）此皇后天下ヲ治給コト六十九年。一百歳ヲマシ〳〵キ。

（『神皇正統記』：一三三九年[22]）

史料17

第三十四代、推古《すゐこ》天皇ハ欽明ノ御女、用明《ようめい》同母ノ御妹也。（略）昔神功皇后《じんぐうくわうごう》六十餘年天下ヲ治《をさめ》給シカドモ、攝政《せつしやう》ト申テ、天皇トハ號シタテマツラザルニヤ。此ミカドハ正位《しやうゐ》ニツキ給ニケルニコソ。卽《すなはち》厩戸ノ皇子ヲ皇太子トシテ萬機《ばんき》ノ政《まつりごと》ヲマカセ給。攝政ト申キ。

（『神皇正統記』：一三三九年[23]）

史料18

本朝ニハ應神ウマレ給テ襁褓《キヤウホウ》ニマシ〳〵カバ、神功皇后天位ニヰ給。シカレド攝政ト申傳《まをしつたへ》タリ。コレハ今ノ儀ニハコトナリ。推古天皇ノ御時厩戸《うまやどの》皇太子攝政シ給。コレゾ帝ハ位ニ備《そなはり》テ天下ノ政シカシナガラ摂政ノ御マ、ナリケル。

（『神皇正統記』：一三三九年[24]）

史料19

第十五神功皇后。是女帝始也。治六十九年。御年百十一。開化天皇五世御孫息長宿禰女也。

（『神明鏡』：南北朝末期　一三九二年[25]）

史料20

神功皇后は、かいくわてんわう五世の御まこ、御とし三十一と申十月二日、ちうあい天わうの御ゆいこんにまかせて、つゐに天子のくらゐにいたらせたまふ　御治世六十九年、（略）後には神とあらはれ給ふ、八幡大ほさつ三所のうち、ひかしのこせんと申は、すなはちこの御事也、わうしは四さいにして、くわうたいしにたゝせ給ひ、御年七十一と申正月に、皇后にかはりたてまつり、帝位にそなはり給ふ、

（『八幡本地』：室町時代[26]）

史料21

神功皇后は開化天皇五世の御孫、御歳廿三にて皇后の位にそなはり、御歳三十一と申十月二日、仲哀天皇の御遺言にまかせて、終に天子の位にいたり給、御治世六十九年、御歳一百と申四月十七日に、大和國高市郡磐余稚櫻宮にして崩御畢、

後には神とあらはれ給、八幡三所の内、東御前と申は則此御事也、皇子は四歳にして皇大《ママ》子にたゝせ給、御歳七十一と申正月に、皇后にかはり奉て帝位にそなはり給、則應神天皇と號し奉る　（『八幡宮御縁起』：室町時代[27]）

史料22

第十五神功皇后諱息長足姫尊。治六十九年　母葛木高額媛　成務三十年誕生。仲哀二年為皇后。廿四皇后元年攝政。三十二。六十九年四月崩。百歳。葬狹城楯列陵。磐余稚櫻宮。大和國十市郡。香椎大明神是也

［第十五神功皇后諱息長足姫尊。治六十九年　母葛木高額媛　成務三十年誕生。仲哀二年皇后ト為ル。廿四皇后元年攝政。三十二。六十九年四月崩ズ。百歳。狹城楯列陵ニ葬ス。磐余稚櫻宮。大和國十市郡。香椎大明神是也。］　（『本朝皇胤紹運録』：一四二六～一七七九年[28]）

史料23

成務天皇　仲哀天皇　神功天皇　應神天皇　仁徳皇　履中天皇　反正天皇　允恭天皇　安康天皇　雄略天皇　清寧天皇　十一代の間、いつもかはらぬ御姿にて、榮へさせ給ふなり。　（『さゞれいし』：室町時代[29]）

以上の史料を分析してみると、次の様になる。

・「第十五代または一代」としているもの…史料2、3、5、10、11、14、15、16、

19、22、23。
・「位につく」「世を治める」と表現しているもの…史料2、3、4、5、7、8、12、17、18、21。
・「女帝（皇帝・天皇・帝王・みかど）」と書いているもの…史料1、2、3、6、9、11、13、19、23。

ここに挙げた23の史料は数あるもののほんの一部であるが、これらだけを見ても、神功皇后は、中世では女帝と認識されていたと考えても良いであろう。

もうひとつ注目しておく点は、史料2、3、4、5、6、12、14、16、19、20、21、にある開化天皇との関係を示す部分である。

史料24

凡皇兄弟。皆為親王。女帝子亦同。以外並為諸王。自親王五世。雖得王名。不在皇親之限。

［凡そ皇の兄弟、皇子をば、皆親王と為よ。女帝の子も亦同じ。以外は並に諸王と為よ。親王より五世は、王の名得たりと雖も皇親の限に在らず。[30]］

これは、「継嗣令」第十三の凡肆条の一部である。鎌倉時代後期に成立した、『日本書紀』の注釈書『釋日本紀』には、神功皇后の父方の系図が以下の様に、開化天皇の子孫のところに書かれている。

開化天皇―彦坐王―山城大箇城眞若王―迦迩米雷王―息長宿祢―氣長足姫尊（神功皇后）(31)

計世法には、本人より計える場合と子の世代より計える場合とがあり、彦坐王を親王とし、子の世代より計えると気長足姫尊（神功皇后）は四世にあたるが彦坐王を一世とすると、五世になる。

しかし、ここでは何世であるという事はさして重要な要素ではないと思われる。開化天皇の条にわざわざ系図を書き記しているというのが肝心なのである。前出の史料でもたくさん「開化天皇の子孫である」と見られるように、神功皇后が皇親であることを明記しておきたかったというのが目的であったと考えられる。神功皇后は、開化天皇からみて、れっきとした皇親であり、女帝であったというのが、中世における認識だったと考えて良いのではないだろうか。

では、他の女帝達とは、どう関係して理解されていたのであろうか。

例えば、史料7の『愚管抄』、史料17・18の『神皇正統記』は神功皇后と推古天皇と比較している。

また、史料8の『愚管抄』においては、「皇極天皇は神功皇后の例を踏襲したもののだ。」とはっきり記述している。
さらに、慈円が『愚管抄』の中で次の様に述べている。
史料25
サテ皇后ハ女身ニテ王子ヲハラミナガラ、イクサノ大將軍セサセ給ベシヤハ。ムマレサセ給テ後マタ六十年マデ、皇后ヲ國主ニテオハシマスベシヤハ。コレハナニ事モサダメナキ道理ヲヤウ〳〵アラハサレケルナルベシ。男女ニヨラズ天性ノ器量ヲサキトスベキ道理、又母后ノオハシマサンホド、タヾソレニマカセテ御孝養アルベキ道理、コレラノ道理ヲ末代ノ人ニシラセントテカ、ル因縁ハ和合スル也。コノ道理ヲ又カクシモ、サトル人ナシ。『愚管抄』(32)
ここでは、傍線部の部分に特に注目したいのであるが、つまり、「神功皇后には、天性の器量があったゆえに、国主たりえたのだ」、というわけである。
また史料に有る様にみずから軍を率いたことでも異色の存在であったことは間違いない。
以上の事に鑑みて、神功皇后は、単なる皇后ではなく、天性の統治能力を持った女帝だった、というのが中世における認識だったと考えられるのである。

第二節　神としての認識

神功皇后が神として崇敬されていたのは、八幡信仰の勃興よりも『日本書紀』中の神功皇后の事績の方が大きいのではないかと考える。『日本書紀』にある神功皇后の新羅攻めの折、風が皇后を助けたという事から、神功皇后は、風雨旱魃の神として、平安時代には既に崇敬されていたことが、六国史の中にみられるからである。

たとえば、『続日本後紀』に以下の記述がある。

史料26

仁明天皇承和八年（八四一）五月。

壬申。詔曰。天皇我詔旨尓坐。掛畏支神功皇后乃御陵尓申賜ヘ止申久。頃者在肥後國阿蘇郡神灵池無故涸減卌丈。又伊豆國尓有地震之變。乍驚問求礼波旱疫之災及兵事可有止卜申。自此之外尓毛物恠亦多。依此左右尓念行尓。掛畏支神功皇后乃護賜比助賜牟尓依天。無事久可有止思食天。參議大和守從四位下正躬王乎差使氏。奉出狀乎聞食天。天皇朝廷乎無動久大坐之米國家乎平そ久護賜比助賜倍止。恐美恐ミ毛申賜久止申須。

［壬申。詔曰ク。天皇ガ詔ノ旨ニ坐マス。掛モ畏シ神功皇后ノ御陵ニ申シ賜ヘト申ク、頃ハ肥後国阿蘇郡ニ在ル神霊池、故無ク涸減スルコト卌丈。又伊豆国ニ地震ノ変アリ。驚キナガラ問イ求レバ。旱疫ノ災オヨビ兵事有ル可シトト申ス。此自リノ外ニモ物怪亦多シ。此ニ依リ左右ニ念行ニ、掛畏シ神功皇后ノ護賜ヒ助賜ハムニ依リテ、事無ク有ル可シト思食シテ、参議大和守従四位下正躬王ヲ差シ使シ、奉出状ヲ聞食シテ、天皇朝廷ヲ動無ク大坐ニコメ、国家ヲ平ケク護賜ヒ助賜ベシ。恐ミ恐ミモ申シ賜クト申ス。」　『続日本後紀』(33)

意訳すると、

「恐れ多くも、神功皇后の御陵に申し上げます。このごろ、肥後の国阿蘇郡に在る神霊池が、理由も無く水が四十丈涸れ、また、伊豆国に地震が起きました。驚きながら、お伺いいたします。旱魃の災いおよび、戦争があるとうらないで出ました。これより他にも物の怪が多うございます。他にないほど有難く恐れ多い神功皇后様どうかお助け護りくださいませ。何事も起こりませんよう願いつつ、参議大和守従四位下の正躬王に願いの書状を持たせます。私（天皇）は、朝廷を動くこと無く、台座におります。国が平安で有りますよう、お護り助けくださいますよう、謹んで申し上げます。」

ということころであろうか。

天皇は、旱魃・地震などの自然災害の他に、戦が起こることの回避も祈願している。

すなわち、国家の全ての不安材料について、神功皇后の神威を頼りにしていたと考えられるのである。

続いて次の史料を見ていただきたい。

史料27

仁明天皇承和八年（八四一）五月。

辛巳。重奉神功皇后御陵宣曰。天皇我詔旨止。掛畏支山陵尓申賜倍止申久。頃者渉旬天不雨佐流波。如有祟天河止卜求礼波。山陵尓奉遣太流例貢之物闕怠礼流祟見由。香椎廟毛同為祟賜倍理登卜申勢理。驚而尋撿尓。所司申久自去年以往。兩年間。荷前乎便輙久陵戸人尓付奉志与理不必供致毛在ク无可止疑布止申。今恐畏天將來波不令然之天貞令進致武。香椎廟尓毛當遣專使謝申武止。差參議從四位上和氣朝臣眞綱。謝申祈申狀乎。平久聞食天。時毛換左須甘雨令零賜倍止。恐美恐美毛申賜倍止申。」是夜暁。雨降。

［辛巳。重テ神功皇后御陵宣命奉テ曰ク。天皇ガ詔旨ト掛畏シ山陵ニ申賜ベシ申ク。「頃ハ旬渉テ雨アラザルバ祟リ有ル如テカシト求レバ山陵ニ奉リ遣タル例貢ノ物闕ケ怠レル祟リ見ルヨシ。香椎廟モ同ジク祟リ為シ賜ウベリトト申セリ。驚キ尋ネ撿ニ所司申ク、去年ヨリ、以往両年間、荷前ヲ便輙ク陵戸人ニ付ケ遣シ奉リシヨリ、必ズ供致サズモ在ルク無ベシ疑フト申ス。

今恐レ畏テ将来ハ然セシメズノデ貞テ進メ致セシム。香椎廟ニモ当ノ専使ヲ遣シ謝申サムト。参議従四位上和気朝臣真綱差シ謝申ス祈申ス状ヲ平ク聞食テ時モ換サズ甘雨零セシメ賜フベシト恐ミ恐ミモ申シ賜ベシト申ス。」是夜暁、雨降ル。」

『続日本後紀』(34)

仁明天皇は同年、再び神功皇后の陵墓に宣命を送り、次の様に述べている。訳すと、

[「此の頃は雨の季節にもかかわらず、雨が降らないので、祟りでもあるのではなかろうかと、占わせたところ、山陵に送っている恒例のみつぎものが、闕け怠っている事による祟りである、と出ました。驚いて、尋ね調べたところ、所司が『昨年より二年、荷をたやすく陵戸人に持たせ遣わしましたので、必ず御前にお供えしたのかどうか疑わしいです。』と申しました。大変恐縮いたしており、今後はしっかりと供えさせます。香椎廟の方にも専使をおくり、謝罪させます。参議從四位上和気朝臣眞綱を差し遣わし謝罪状を持たせますので、どうか、雨を降らせていただけますようお願い申し上げます。」この夜の明け方、雨が降った。」]

という内容である。

ここで注目に値するのは、神功皇后の陵墓と香椎廟の両方に天皇が謝罪していることである。つまり、神功皇后の霊は陵墓と香椎廟の両方に存在しており、二所同時に扱われるものであったということだ。香椎廟は神功皇后を中心とした神社であり、こ

こを「廟」と呼んでいることはかなり、特殊なことではなかろうか。

また貞観十二年（八七〇）には、新羅船二艘が博多湾内に侵入し、豊前国の貢調船を襲って略奪を行うという事件が起こった。以下がその史料である。

史料28

貞観十二年（八七〇）二月十五日条の香椎廟奉幣文。

天皇我詔旨尓坐。掛畏岐香椎廟乃廣前尓申賜倍止申久。去年六月以來。大宰府度々言上多良久。新羅賊船二艘。筑前國那珂郡乃荒津尓到來天。豊前國乃貢調船乃絹綿乎掠奪天逃退多利。（略）我朝久无軍旅天。専忘警倫《ママ》多利。兵乱之事尤可愼恐。然我日本朝波所謂神明之國奈利。神明之助護利賜波。何兵寇可可近來岐。况亦彼新羅人乃相敵比來礼利介留事波。掛畏岐御廟乃威徳尓依天降伏訖賜天。若干乃代時乎歴來太利。而今如此尓狎侮氣色乎露出事波㝡是御廟乃聞驚岐怒恚利賜倍岐物奈利。故是以。従五位下行主殿權助大中臣朝臣國雄乎差使天。礼代乃太幣帛乎令捧持天奉出須。此状乎平氣久聞食天。假令時世乃禍乱止之天。上件寇賊事在倍岐物奈利止毛。掛畏岐御廟。國内乃諸神太知乎唱導岐賜比天。未發向之前尓沮拒排却賜倍。若賊謀巳熟天。兵船必來倍久在波。境内尓入賜須之天。逐還漂没米賜比天。我朝乃神國止畏憚礼來礼留故實乎澆多之失比賜布奈。自此之外尓假令止之天。夷俘乃逆謀叛乱之事。中國乃盗兵賊難之事。又水旱風雨之事。疫癘飢饉之事尓至万天尓。國家乃大禍。百姓乃深憂止之可在良牟乎波。皆悉未然之外尓拂却鎖滅《ママ》之賜天。天下無躁驚久。國内平安尓鎮護利救助賜比。天皇朝廷乎寶位无動久。常磐堅磐尓夜守晝守尓護幸倍矜奉給倍止。恐美恐美毛申賜波久止申。

［天皇ガ詔旨ニ坐ス。掛畏キ香椎廟ノ廣前ニ申賜ベシ申ク。去年六月以來。大宰府度々言上タラク。新羅賊船二艘。筑前國那珂郡ノ荒津ニ到來テ。豊前國ノ貢調船ノ絹綿ヲ掠メ奪テ逃退タリ。（略）我朝久ク軍旅无クテ。専ラ警備ヲ忘タリ。兵乱ノ事尤モ愼ミ恐ルベシ。然我日本朝ハ所謂神明ノ國ナリ。神明ノ助ケ護リ賜バ。何ゾ兵寇カ近來スベキ。況ヤ亦彼ノ新羅人ノ相敵ヒ來レリケル事ハ。掛畏キ御廟ノ威德ニ依テ降伏訖リ賜テ。若干ノ代時ヲ歴來タリ。而ニ今此如ニ狎侮ノ氣色ヲ露出ノ事ハ。㝡モ是御廟ノ聞驚キ怒恚リ賜べき物ナリ。故是ヲ以テ從五位下行主殿權助大中臣朝臣國雄ヲ差使テ。礼代ノ太幣帛ヲ捧持セシメテ奉ス。此狀ヲ平ケク聞食テ。假令時世ノ禍乱トシテ。上件寇賊ノ事在ベキ物ナリトモ掛畏キ御廟。國内ノ諸神タチヲ唱導キ賜ヒテ未ダ發向セザルノ前ニ沮拒排却賜ベシ。若賊謀已ニ熟テ。兵船必來ベク在ラバ。境内ニ入賜ズシテ。逐還漂没メ賜ヒテ。我朝ノ神國ト畏憚れ來レル故實ヲ澆タシ失ヒ賜フナ。此自ノ外に假令トシテ、夷俘ノ逆謀叛乱ノ事。中國ノ盜兵賊難ノ事。又水旱風雨ノ事。疫癘飢饉ノ事ニ至マデニ。國家ノ大禍。百姓ノ深憂トシ在ル可ラムヲバ。皆悉未然ノ外ニ拂却鎖滅シ賜

テ。天下躁驚無ク。國内平安ニ鎮護リ救助賜ヒ、天皇朝廷ヲ寶位動无ク。常磐堅磐ニ夜守晝守ニ護幸ベク矜奉給ベシト。恐ミ恐ミモ申賜ハクト申。」
『日本三代實録』(35)

この折にも朝廷は、神功皇后を祭神とする香椎廟に奉幣している。神功皇后が、対新羅問題や、旱魃などの災害において神として崇められていたことは、もともと中世以前からであったと確認できるであろう。

がしかし、やはりその崇敬が頂点に達したのは、二度の蒙古襲来、そしてその蒙古の奇跡的な敗退後であったというのは否めない。

石清水八幡宮の祠官の作とされている『八幡愚童訓』は、甲・乙二種の本が今日まで伝わっているが、そのうちの甲本中の蒙古襲来の記事は史料として貴重である。内容は『日本書紀』の神功皇后譚からはじまり、中盤から蒙古襲来の話になって行く。

史料29

此后ト申ハ十五代ノ帝王神功皇后、後ニハ神明ト顕テ聖母大菩薩ト申キ。
(『八幡愚童訓:甲』(36))

史料30

遠ク異代ヲ訪ヒ、近ク本朝ヲ尋ルニ、女人合戦ノ場趣テ、隣国ノ怨ヲ退ル事未ダ其ノ例ヲ聞カズ（略）皇后若シ女人也ト思食シ、弓箭ヲ取ル御事ナカリセバ、天下早ク異賊ニ取ラレ、日本忽チ滅亡シナマシ。我ガ国ノ我ガ国タルハ、皇后ノ皇恩也。（『八幡愚童訓：甲』）[37]

このあたりは、まだ『日本書紀』の部分だが、この時点では、神功皇后はまだ人間の女帝であるが、後には聖母大菩薩という「神」として現れると史料は予告している。また史料30では傍線部の様に神功皇后を褒め称え、「我が国が存在しているのは皇后のおかげである」とする。

『八幡愚童訓：甲本』の後半は、蒙古襲来時の様子が記述されており、猖獗を極めた蒙古の行いが、事細かに記され、その敗退の部分までが書かれている。その中に次の様にある。

史料31

異賊ヲ亡シ日本ヲ助給フハ、大菩薩守リ坐ス故ニ、風ヲ吹セテ敵ヲ摧キ、数万ノ賊徒悉片時ノ程ニ失シハ、神威ノ致ス所ニテ、人力會煩ズ。（略）神功皇后ハ海水ヲ上ゲ、文永ニハ猛火ヲ出シ、弘安ニハ大風ヲ吹ス。水火風ノ三災劫末ナラネド出来テ、神慮ニ任テ自在也。（『八幡愚童訓：甲』）[38]

もちろん八幡大菩薩の神威も書かれているが、水火風の三災を操り、蒙古を敗退させたのは、神功皇后であるとしている。この時点で皇后は既に、霊験あらたかな「神」になっている。

以後神功皇后は、神としての認識の方が増えてくるのである。次に挙げる二つの史料は、室町時代のものであるが、それをよく物語っているといえよう。

史料32

神功皇后は、かいくわてんわう五世の御まこ、御とし三十一と申十月二日、ちうあい天わうの御ゆいこんにまかせて、つゐに天子のくらゐにいたらせたまふ　御治世六十九年、（略）後には神とあらはれ給ふ、八幡大ほさつ三所のうち、ひかしのこせんと申は、すなはちこの御事也、

『八幡本地』(39)

史料33

神功皇后は開化天皇五世の御孫、御歳廿三にて皇后の位にそなはり、御歳三十一と申十月二日、仲哀天皇の御遺言にまかせて、終に天子の位にいたり給、御治世六十九年、御歳一百と申四月十七日に、大和國高市郡磐余稚櫻宮にして崩御畢、後には神とあらはれ給、八幡三所の内、東御前と申は則此御事也、

『八幡宮御縁起』(40)

この様に、中世における神功皇后の認識として

①天性の統治能力をもった「女帝」
②聖母大菩薩とよばれる「神」
の二点が有ったのではないかと考えられるのである。

第二章　中世における神功皇后の評価

第一節　『日本書紀』注釈などからみる皇后の評価

平安時代に宮廷の公的行事として、『日本書紀』の講読会「日本紀講筵」が、弘仁三年（八一二）からほぼ三十年おきに六度行われた。貴族・官人らがみな一生に一度はこれを経験しうるように配慮されていたと言われる。この行事によって神功皇后譚が一挙に広まった可能性がある。「日本紀講筵」は、康保二年（九六五）以後衰退していったが、鎌倉時代になると、『日本書紀』の研究が卜部家などによって活発に行われるようになった。卜部家は、古典研究を家学とし、宮廷の公的行事としてではないが、貴族達に『日本書紀』の講読をしており、平安時代以来の『日本書紀』講読の諸博士の私記と卜部家の家学を集大成して鎌倉時代後期（一二八六～一三〇一頃）『釋日本紀』を完成させた。また、『釋日本紀』以後も『日本書紀』の注釈書が書かれているので、これらの書物を中心に神功皇后の評価を探ってみたいと思う。

史料34

問。此國謂東海女國、又謂東海姫氏國。若有其說哉。

答。其說、梁時、寶志和尚讖云、東海姫氏國者、倭國之名也。今案、天照大神、始祖之陰神也。神功皇后又女主也。就此等義、或謂女國、或稱姫氏國也。

〔問フ。此國ハ、東海女國ト謂ヒ、又、東海姫氏國ト謂フ。若シクハ其ノ說有ル哉。

答フ。其ノ說、梁ノ時、寶志和尚讖シテ云ク、東海姫氏國ハ、倭國ノ名ナリ。今案ズルニ、天照大神、始祖ノ陰神ナリ。神功皇后マタ女主ナリ。此レ等ノ義ニ就キ、或ハ女國ト謂ヒ、或ハ姫氏國ト稱スナリ。〕

『釋日本紀』(41)

これは、『釋日本紀』巻第一の〔開題〕にある問答である。「日本は、なぜ、東海女国とか東海姫氏国と言われることがあるのか。」と言う質問に、「たしかにそれは倭国の名であるが、それはたぶん天照大神が始祖の陰神で神功皇后が女主だからであろう。」と答えている。

史料35

五云、姫氏國、出寶誌和尚讖文、晉書傳曰、男女子無大小、悉黥面文身、自謂太伯之後、蓋姫氏周姓、周大王之長子、呉太伯讓國逃荊蠻、斷髪文身、以避龍蛇之害、而呉瀕東海、本朝俗皆點面椎髻、故稱太伯之後、則名國曰姫氏、然吾國君臣、皆爲天神苗裔、豈太伯之後哉、此蓋附會而言之矣、但考韻書、姫婦人之美稱、而天照太神、始祖之陰靈、神功皇后、中興之女主

［五ニ云ウ、姫氏國、寶誌和尚ノ讖文ニ出ヅ、晉書ノ傳曰、男女子大小無ク、悉ク面ヲ點シ身ヲ文ル、自ラ太伯ノ後ト謂フ、蓋シ姫氏ハ周ノ姓ナリ、周ノ大王ノ長子、呉ノ太伯國ヲ讓テ荊蠻ニ逃ル、髪ヲ斷チ身ヲ文テ以テ龍蛇ノ害ヲ避ク、而モ呉ハ東海ニ瀕シ、本朝ノ俗皆點面椎髻ス、故ニ太伯ノ後ト稱シ、則チ國ヲ名テ姫氏ト曰フ、然モ吾ガ國ノ君臣、皆天神ノ苗裔爲リ、豈太伯ノ後ナラン哉、此レ蓋シ附會シテ而之ヲイフナリヤ、但韻書ヲ考ルニ、姫ハ婦人ノ美稱ナリ、而モ天照太神ハ、始祖ノ陰靈ナリ、神功皇后ハ、中興ノ女主ナリ］

『日本書紀纂疏』(42)

この『日本書紀纂疏』は、室町時代随一の学者、一条兼良によって、著された、『日本書紀』の「神代巻上下」の注釈書である。一条兼良は、卜部家とは関係なく、父は関白経嗣、母は、文章博士東坊城秀長の娘で、兄の経輔にかわって家を継ぎ、太政大臣・関白にまで昇進した人物であり、一四七三年に出家し、桃華老人・三関老人などとも称した。有職故実や神道の研究、また、古典の評釈など学問・芸道にも精通した

偉材である。その『日本書紀纂疏』の上巻第一に以上の様にある。当時日本人が『魏志』や『後漢書』に「女王國」と出て来る事等から、「姫」の姓をもつ太伯の子孫ではないか、という質問が出る事があったらしく、それを、「我が国の君臣は皆天神の末裔であり、姫は婦人の美称で、天照太神と神功皇后の事を指しているのだ」と否定している。

史料36

姫氏國ト云。日本ハ泰伯ノ子孫也。呉國ハ日本ニ近シ。身ヲモトラカシ。ケシヤウヲスルハ、龍蛇ノ害ヲ避ン爲也。身ノカタワナル者ヲハ、龍蛇カ近ツカヌ故也。是ハ、晉書ノ說也。此義ヲハ用イマイソ。姫ハ、婦人之美稱也。天照太神、又ハ神功皇后ノ御事ヲ指ヘシ。日本ハ、神明ノ苗裔ナレハ、呉泰伯ノ子孫ト云「アルヘカラス。

『日本書紀神代巻抄』(43)

史料37

既ニ日本國ハ天神七代ヨリノ後胤ナリ。何ンソ泰伯カ子孫ト云ハン歟。但シ姫氏ト云文字ニ依テ、彼レカ付ケタル義ヲ除テ之用イハ、姫、居ノ切。說文ニ、婦人ノ美稱也。師古云、姫、本ト周ノ姓、衆國ノ女ヨリ貴シ。所以ニ婦人ノ美稱スルヲ、皆姫ト稱スト云々。又タ毛詩ノ書ニハ、美女之ヲ姫姜謂ウト云々。私云、姫姜トハ、女ヲ讃メタル言也。此如ク字書ノ心ヲ以テ云ハ、、但女ノ美稱ヲ姫トハ云ナリ。所詮吉田ノ説ハ、姫ハ婦人ノ名ナリ。天照大神ハ日本ノ元祖ナリ。神功皇后ハ中興ナリ。何レモ女體ナル故ニ爾ル名ナリ。　　　　　　　『日本書紀聞書』(44)

史料36の『日本書紀神代巻抄』は清原宣賢の天文五年（一五三六）の講義聞書であり、史料37の『日本書紀聞書』は卜部兼右の永禄十年（一五六七）の講義聞書である。内容は二つとも史料35の『日本書紀纂疏』とほぼ同じであるが、注目すべき点が二点ある。

第一には、天照太神と神功皇后が同等に並べられていることである。

第二には、史料35の『日本書紀纂疏』と史料37『日本書紀聞書』に「神功皇后は中興」と書かれていることである。

第一の事柄から、中世において神功皇后の神格が天照太神と同じぐらいに高くなっていたという局面がわかる。第二の「中興」と称される理由についてであるが、二つの理由が考えられる。

まずひとつは、やはり『日本書紀』にある、朝鮮半島との関係において日本を優位たらしめたことであろう。いまひとつは、「中興」という言葉の出現が、蒙古襲来以降であるから、一旦崩壊しかけた日本国を救ったのは数多の神明の中でも特に神功皇后の恩恵が大きかった、と今までの皇后の事績の全てが再評価された結果であろう。

さて、次の二つの史料をみていただきたい。

史料38

大かた此日本國は和國とて女のおさめ侍るべき國なり。天照太神も女躰にてわたらせ給ふうへ。神功皇后と申侍りしは八幡大菩薩の御母にてわたらせ給しぞかし。新羅百濟をせめなびかして。此あしはらの國をおこし給ひき。

『小夜のねざめ』(45)

史料39

此日本國をば姫氏國といひ又倭王國と名付て。女のおさむべき國といへり。されば天照太神は始祖の陰神也。神功皇后は中興の女主たり。此皇后と申は八幡大菩薩の御母にて有しが。新羅百濟などをせめなびかして足原國をおこし給へり。目出かりし事ども也。

『樵談治要』(46)

史料38の『小夜のねざめ』、そして史料39の『樵談治要』は共に前出『日本書紀纂疏』を書いた一条兼良によるものである。兼良は神功皇后が新羅・百済を攻め、朝鮮半島との関係に於いて日本の立場を優位たらしめたことを「国をおこした」とし、高く評価している。

史料40

日本の御あるし、しんくうくわうこうの御ほんいをとけ給はんかために、しんら・はくさいとうを、せめしたかへんとし給ふ、　『八幡本地』(47)

史料41

日本のあるし神功皇后、先王の御本意をとけむかために新羅百済等をせめしたかへんとし給、　『八幡宮御縁起』(48)

また、史料40、41の著者は不明であるが、神功皇后を「日本のあるじ」と書いている。

以上の事から神功皇后の評価として、

①中世において神功皇后の神格が天照太神と同じぐらいに高くなっていた。

②「中興」及び「日本のあるじ」とされ、国の成り立ちに欠くことのできない人物となっていた。

この様なことが推察されるのである。

第二節　神功皇后の評価から見た応神天皇

中野幡能氏は、「石清水八幡宮の第三殿に、香椎廟を大帯姫廟神社（『延喜式』）として配祀し八幡大菩薩の母神としての位置づけを明示した。これは、世界的にみられる母子神の信仰を明らかにしたものである。[49]」とする。

世界的にみられる母子神の信仰というと、キリスト教における教祖イエスとその母マリアの関係が思い浮かぶのであるが、この二人の関係をみてみると、まず先にイエスへの崇敬があって、その母マリアは、息子イエスの後から聖母として崇められたという順序である。これを八幡信仰にそのままあてはめるのは無理であろう。「応神天皇の神格を明らかにするために神功皇后を祀り[50]」ともあるが、『日本書紀』や、『八幡愚童訓』などをみてもまず「神功皇后ありき」で、息子応神天皇が出てくる。応神天皇はどんな功績を残したと言うのであろう。神功皇后なしで応神天皇の存在価値が見出せるとは思えないのである。[51]

史料42

母后ノオハシマサンホド、タヾソレニマカセテ御孝養アルベキ道理、コレラノ道理ヲ末代ノ人ニシラセントテカ、ル因縁ハ和合スル也。（『愚管抄』[52]）

応神天皇即位まで神功皇后が六十年以上政治を行ったことについて、「母親が存在しているときは、母に孝行すること（この場合は母神功皇后に政治を任せたこと）は是である」と述べている。

八幡信仰は、母神功皇后あっての応神天皇ではないかと考えられるのである。では、父親である仲哀天皇についてはどうなのであろうか。仲哀天皇の死をどう捉えるかが鍵となってくる。

史料43

天皇忽有痛身、而明日崩。（略）不用神言而早崩。

［天皇、忽に痛身みたまふこと有りて、明日に崩りましぬ。（略）神の言を用ゐたまはずして、早く崩りましぬることを。］（『日本書紀』[53]）

史料44

仲哀神ノオシヘヲカウブラセオハシマシナガラ、其節ヲトゲズシテニハカニウセ給ニケリ。コレハ是ノ如キノアイダ、神ノヲシヘヲ信ゼサセ給ハヌ事オホクテ、ウセ給ニケリトナン。（『愚管抄』[54]）

史料45

仲哀神ノヲシヘニヨラズ、世ヲ早クシ給シカバ　（『神皇正統記』[55]）

史料43、44、45、をみると、仲哀天皇は神罰によって死んだと考えられるのではないだろうか。さらに次の史料を見ていただきたい。

史料46

以延喜廿一年六月一日神託推之、此八幡者住吉為父香椎為母矣、住吉縁起云、大帯姫新羅軍之時、登四天王寺山、爾時無寺無像後令造之、祈願云、欲降伏隣敵、天王護助給、又以大鈴附榊枝高振云、朝廷神達乞施神威令降伏敵国、即夜住吉大明神現形為夫婦、又朝内諸神各相助以打順、而間二人王子生長、第三王子八幡被妊而後被産給、今宇佐宮是也、

〔延喜廿一年六月一日神託以ッテ之ヲ推ス、此八幡ハ住吉ヲ父ト為シ香椎ヲ母ト為セリ、住吉縁起云ク、大帯姫新羅軍之時、四天王寺山ニ登リ、時爾寺無ク像ナク後ニ之ヲ造令ム、祈願シテ云ク、隣敵降伏ニ天王護リ助ケ給ント欲ス、又大鈴ヲ以テ榊ノ枝ヲ附ケ、高ク振リ呼ンデ云ク、朝廷神達ヲ乞ヒ神威ヲ施シ、敵国ヲ降伏令ム、即夜住吉大明神形ヲ現シ夫婦ト為ル、又朝内諸神各相助ケ以テ打チ順へ、而間二人王子生長、第三王子八幡妊レ而後産レ給フ、今宇佐宮是也、〕

（『八幡宇佐宮御託宣集』[56]）

史料47

この夜に天皇忽に病発りて以て崩りましぬ。「是に皇后、大神と密事あり。（俗に夫婦の密事を通はすと曰ふ。）」（『住吉大社神代記』[57]）

史料48

延喜廿一年六月一日筥崎神託

自我加宇佐宮穂浪大分宮波我本宮也、以去廿日辰時來著、以今日巳時所爰來也、其故者香椎宮波我母堂、住吉宮波我親父也

［延喜廿一年六月一日筥崎神託

我ガ宇佐宮自リ穂浪大分宮ハ我本宮也、去ル廿日辰時ヲ以テ來著、今日巳時以テ爰ニ來ル所也、其ノ故ハ香椎宮ハ我母堂、住吉宮ハ我親父也］

（『八幡宇佐宮御託宣集』[58]）

いずれの史料も八幡神（応神天皇）の父親は住吉神となっている。これは、父が仲哀天皇でなくても別に良い、ということではないだろうか。住吉神が父となっているのは神功皇后の新羅攻めの折に一番協力した神であったからであろう。また、次にあげる八幡信仰と関係の深い神社の祭神をみても、仲哀天皇の存在はない。（42頁の図を参照）。

いずれにせよ、中世の人々は、神功皇后の胎内から産まれ出てきたので、応神は天皇として、また八幡神として相応しいと考えていたのではないだろうか。もしかした

ら、神功皇后・応神天皇母子は、現代まで一二五代続いている天皇制が全て男系であるという世の常識を覆す存在となるのかもしれない。

おわりに

中世において神功皇后は、「女帝」と「神」という二つの認識をされていたと思われる。特に「神」としての神格は、天照太神に並ぶものだったと考えられ、祖神天照太神に対して日本の「中興」と評価されていた。この神功皇后の高い評価の影響で、息子応神天皇の八幡神としての崇敬も上がっていったのではないだろうか。また、神功皇后を祭神とする香椎だけが、「廟」と呼ばれることや、この「中興」という言葉が、石清水八幡宮が「第二の宗廟」と称されることと何らかの関係があるのではないかと考えられるのだが、それについては、次の課題としたいと思う。

註

（1）『吾妻鏡第三』（新訂増補国史大系　吉川弘文館　一九九二年）三一頁。
（1）『吾妻鏡五』（岩波文庫　一九九七年）六三頁。尚、本文中、特に参考文献を示していない場合、漢文史料の横に［　］でくくって書いてある書き下し文及び傍線は全て上嶌によるものである。
（2）『愚管抄』（日本古典文学大系　岩波書店　一九六七年）一四九頁。
（3）『六代勝事記』（和泉書院影印叢刊　和泉書院　一九九六年）九二～九三頁。
（4）『樵談治要』（『群書類従　第二七輯　雑部』続群書類従完成会　一九八〇年）二〇三頁。
（5）久保田収：「基本的には皇后が神として顕現されたといふ信仰を背景としてゐるといはねばならない。それは八幡信仰と密接に関連するものであり、とくに蒙古襲来といふわが国未曽有の危機に際して、皇后の御事蹟を想起し、皇后を護国の神と仰ぐやうになつたものである。中世における神功皇后観の特色は、この点にあるといへよう。」
　久保田収「中世における神功皇后観」（『神功皇后』　神功皇后論文集刊行会　皇学館大学出版部　一九七二年）八三頁。
（6）『日本書紀（二）』（岩波文庫　二〇〇一年）四九三頁。
（7）『狭衣物語』（日本古典文學体系　岩波書店　一九七七年）四二二頁。
（8）『扶桑略記』（新訂増補国史大系　吉川弘文館　一九四二年）五頁。
本文史料の中で組み文字になっている部分は上嶌が全て縦書きに改めた。
（9）『水鏡』（岩波文庫　一九八七年）二九頁。
（10）『簾中抄』（史籍集覧23　臨川書店　一九八四年）一〇頁。

＊宇佐宮三所

- 一　大菩薩
- 二　姫御前
- 三　大帯姫

＊石清水八幡三所

- 東　神功皇后
- 中　應神天皇
- 西　本朝國母玉依姫尊

＊香椎宮三所

- 左　八幡
- 中　大帯姫
- 右　住吉

＊住吉宮三所

- 左　八幡
- 中　住吉
- 右　香椎聖母

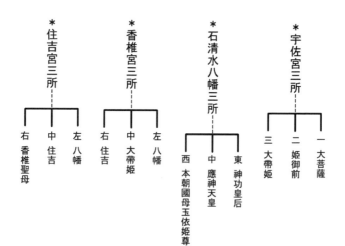

(11)『愚管抄』(日本古典文学大系　岩波書店　一九六七年)五〇~五一頁。
(12)『愚管抄』(日本古典文学大系　岩波書店　一九六七年)一三五頁。
(13)『愚管抄』(日本古典文学大系　岩波書店　一九六七年)一三八頁。
(14)『愚管抄』(日本古典文学大系　岩波書店　一九六七年)一四一頁。
(15)『八幡宮寺巡拜記』(『中世神佛説話』　古典文庫第三八　一九五〇年)二〇頁。
(16)『八幡愚童訓:乙』(『寺社縁起』　日本思想大系　岩波書店　一九七五年)二一〇頁。
(17)『八幡愚童訓:甲』(『寺社縁起』　日本思想大系　岩波書店　一九七五年)一七〇頁。
(18)『八幡愚童訓:甲』(『寺社縁起』　日本思想大系　岩波書店　一九七五年)一七八頁。
(19)『承久記』(新日本古典文学大系　『保元物語・平治物語・承久記』岩波書店　一九九二年)三〇〇~三〇一頁。
(20)『神皇正統録』(『続群書類従　二九輯上　雑部』　続群書類従完成会　一九七八年)八頁。
(21)『梅松論』(『群書類従　第二〇輯　合戰部』　続群書類従完成会　一九七九年)一四四頁。
(22)『神皇正統記』(『神皇正統記・増鏡』　日本古典文学大系　岩波書店　一九六五年)七七~七八頁。
(23)『神皇正統記』(『神皇正統記・増鏡』　日本古典文学大系　岩波書店　一九六五年)九四頁。
(24)『神皇正統記』(『神皇正統記・増鏡』　日本古典文学大系　岩波書店　一九六五年)一二〇頁
(25)『神明鏡』(『続群書類従　第二九輯上　雑部』　続群書類従完成会　一九七八年)九九頁。
(26)『八幡本地』(『室町時代物語集　第一』　大岡山書店　一九三七年)一七頁。
(27)『八幡宮御縁起』(『室町時代物語集　第一』　大岡山書店　一九三七年)七頁。
(28)『本朝皇胤紹運録』(『群書類従　第五輯　系譜部・傳部・官職部』　続群書類従完成会

一九八〇年）六頁。
(29)『さゞれいし』（日本古典文学大系『御伽草子』岩波書店　一九五八年）二一〇頁。
(30)『令』（日本思想大系新装版『律令』岩波書店　二〇〇一年）二八一頁。
(31)『釋日本紀』（神道大系　古典註釋編　神道大系編纂会　一九八六年）六三頁。
なお、『古事記』の開化天皇の条にも同様の系図が載っている。
(32)『愚管抄』（日本古典文学大系　岩波書店　一九六七年）一三一頁。
(33)『続日本後紀』（新訂増補国史大系　吉川弘文館　一九九〇年）一一九〜一二〇頁。
(34)『続日本後紀』（新訂増補国史大系　吉川弘文館　一九九〇年）一二〇頁。
(35)『日本三代實録』（新訂増補国史大系(4)　吉川弘文館　一九六六年）二六四〜二六五頁。
(36)『八幡愚童訓：甲』（日本思想大系『寺社縁起』岩波書店　一九七五年）一七〇頁。
(37)『八幡愚童訓：甲』（日本思想大系『寺社縁起』岩波書店　一九七五年）一七六〜一七七頁。
なお、史料中あきらかに誤字であると思われる所は改め、部分的に漢文になっている所は上嶌が全て書き下し文に統一した。
(38)『八幡愚童訓：甲』（日本思想大系『寺社縁起』岩波書店一九三頁。
(39)『八幡本地』（『室町時代物語集　第二』大岡山書店　一九三七年）一七頁。
(40)『八幡宮御縁起』（『室町時代物語集　第二』大岡山書店　一九三七年）七頁。
(41)『釋日本紀』（神道大系　古典註釋編　神道大系編纂会　一九八六年）一六頁。
(42)『日本書紀纂疏』（『神道大系　古典註釋編　日本書紀注釋(中)』神道大系編纂会　一九八五年）一五四頁。
(43)『日本書紀神代巻抄』（『神道大系　古典註釋編　日本書紀註釋(下)』神道大系編纂会

一九八八年）一四七頁。
（44）『日本書紀聞書』（『神道大系　古典註釋編　日本書紀註釋（下）』　神道大系編纂会　一九八八年）二六一〜二六二頁。
（45）『小夜のねざめ』（『群書類従　第二七輯　雑部』　続群書類従完成会　一九八〇年）一八三頁。なお、群書類従には『小夜のねさめ』と表記されているが、一般的にこの史料は『小夜のねざめ』や『小夜の寝覚』となっているので『小夜のねざめ』で統一した。『國史大辭典』（吉川弘文館）・『日本史広辞典』（山川出版社）の「一条兼良」の項、『日本歴史大事典』（小学館）『小夜のねざめ』の項を参照。
（46）『樵談治要』（『群書類従　第二七輯　雑部』　続群書類従完成会　一九八〇年）二〇三頁。
（47）『八幡本地』（『室町時代物語集　第一』　大岡山書店　一九三七年）一四頁。
（48）『八幡宮御縁起』（『室町時代物語集　第一』　大岡山書店　一九三七年）五頁。
（49）中野幡能『八幡信仰』（はなわ新書　塙書房　一九九六年）一四〇頁。
（50）中野幡能『八幡信仰』（はなわ新書　塙書房　一九九六年）一四一頁。
（51）これについては、飯沼賢司氏も八幡信仰について、次の様な指摘をしている。
［応神信仰は、この神功皇后信仰の産物であった。応神天皇への信仰は、応神そのものへの信仰の側面はほとんどない。胎中天皇として母神功皇后が存在して、はじめて成り立つ信仰であり、宇佐宮の八幡神を応神天皇霊とみなすようになった契機は、八二〇年（弘仁十一）の大帯姫三殿の造立であり、応神信仰というより応神天皇・神功皇后信仰というべきものであった。］
飯沼賢司『八幡神とはなにか』（角川選書　角川書店　二〇〇四年）一一八頁。

(52)『愚管抄』(日本古典文学大系　岩波書店　一九六七年)一三一頁。
(53)『日本書紀　(二)』(岩波文庫　二〇〇一年)一三二頁。四九二頁。
(54)『愚管抄』(日本古典文学大系　岩波書店　一九六七年)一三一頁。
(55)『神皇正統記』(日本古典文学大系『神皇正統記・増鏡』岩波書店　一九六五年)七七頁。
(56)『八幡宇佐宮御託宣集』(『神道大系　神社編　宇佐』神道大系編纂会　一九八九年)二六頁。
(57)『住吉大社神代記』(『住吉大社史　上』住吉大社奉賛会　一九八三年)二九〇頁。
(58)『八幡宇佐宮御託宣集』(『神道大系　神社編　宇佐』神道大系編纂会　一九八九年)三〇頁。

第二部　日本書紀注釈にみる神功皇后

はじめに

中世において、盛んに信仰された八幡三神の内の一人、神功皇后は、多くの書物に登場し、その神威（または敬愛）は、息子である応神天皇を優に凌ぐ勢いであった。鎌倉幕府を率いてその礎を確固たるものにした北条政子が崩じたとき、吾妻鏡は、「神功皇后」に政子を比してその死を悼んだ。

室町時代に日野富子が政治に登場した時も、時の大学者一条兼良は、「神功皇后を手本に」と富子に伝えている。何故、女人政治における好例が神功皇后なのか。そしてそれらのことについて、皆が当然の如く受け入れていたのはどうしてか。

まず、ある人物について、評価する時、必ずその人物についての共通の知識が共同体の中に浸透していなければならない。現代社会の様に、多くの情報がすぐ手に入る状態では無かった中世で、神功皇后がかくも知れ渡っていた理由が、貴族達のなかで行われていた日本書紀の講読会「日本紀講筵」にあるのではないか、と推測するのは特異であろうか。

平安時代には宮廷の公的行事として、「日本紀講筵」が、弘仁三年（八一二）からほぼ三十年おきに六度行われたことが、『日本後記』、『続日本後記』、『日本三代實録』『日本紀略』などの史料に残っている。全三十巻の『日本書紀』を二、三年に亘って講究してゆくもので、元慶頃には、行事の形式や内容は完成していた。『日本三代實録』元慶六年八月二十九日条に次のようにある。

史料1

廿九日戊辰。於侍從局南右大臣曹司。設日本紀竟宴。先是。元慶二年二月廿五日。於宜陽殿東廂。令從五位下助教善淵朝臣愛成讀日本紀。從五位下行大外記嶋田朝臣良臣。及文章明經得業生學生數人遞爲都講。太政大臣右大臣及諸公卿並聽之。五年六月廿九日講竟。至是申澆章之宴。親王以下五位以上畢至。抄出日本紀中聖德帝王有名諸臣。分充太政大臣以下。預講席六位以上。各作倭歌。自餘當日探史而作之。琴歌繁會。歡飲竟景。博士及都講賜物有差。五位以上賜内藏寮綿。行事外記史預焉。

［廿九日戊辰。侍從局南右大臣曹司ニ於ヒテ日本紀竟宴ヲ設ケル。是ニ先ジ。元慶二年二月廿五日。宜陽殿東廂ニ於ヒテ、從五位下助教善淵朝臣愛成ニ日本紀ヲ讀令メ、從五位下行大外記嶋田朝臣良臣、及ビ文章明經得業生學生數人遞シ都講ト為ル。太政大臣右大臣及ビ諸公卿並ビ

テ之ヲ聴ス。五年六月廿九日講ヲ竟ル。是ニ至リテ澆章ノ宴ヲ申ス。親王以下五位以上畢ク至ル。日本紀中聖徳ナル帝王名有ナル諸臣ヲ抄出シ、太政大臣以下講席ニ預シ六位以上ニ分ケ充テ、各倭歌ヲ作リ自餘ハ當日史ヲ採リ之ヲ作ル。琴歌繁會。歡飲景竟。博士及ビ都講、物ヲ賜ル差有リ。五位以上ノ内藏寮ハ綿ヲ賜ル。行事ノ外記史モ焉預リキ。」『日本三代實録』[1]

「侍従局の南右大臣の曹司で日本紀竟宴を行った。この前に、元慶二年二月二十五日、内裏の宜陽殿の東廂において、善淵愛成に『日本書紀』を読ませ、嶋田良臣、と文章明経得業生学生数人が、互いに都講となり、太政大臣右大臣及び諸公卿皆並んでこれを聞き、五年六月二十九日、講義が終わる。そののち宴を設け、親王以下、五位以上の者がこれに参加する。『日本書紀』の中の最高の徳のある帝王（天皇）や有名な臣下を選んで、太政大臣以下、講席に出席したものにわりあてて、各自倭歌を作り、そのほかの者はその中の史実を探して、倭歌を作った。琴を弾き歌をうたって、おおいに楽しんで飲食し、博士及び都講は、物を賜り、五位以上の内蔵寮は綿を賜り、行事の外記史もなにをか賜った。」という内容である。

数年かかって日本書紀を読了した後、書紀の内容を題材にした和歌を作ったりする「日本紀竟宴」が、盛大に催された様子が書かれている。

「日本紀講筵」は、康保二年以後、衰退していったが、鎌倉時代になると、日本書紀の研究が、卜部家などによって活発に行われるようになった。卜部家は、古典研究を家学とし、貴族達に日本書紀の講読をしており、平安時代以来の日本書紀講読の諸博士の私記と卜部家の家学を集大成して『釋日本紀』を完成させた。『釋日本紀』は、卜部兼方によって著された鎌倉時代後期（一二八六～一三〇一頃）の『日本書紀』の注釈書である。

この日本書紀の解説書の中で、神功皇后が、どの様に説明され教示されていたかを、『釋日本紀』以外の日本書紀の注釈書の内容も織り交ぜつつ考察し、人々の中の神功皇后観を探るのが、本論の目的である。

第一章　東海女国・東海姫氏国

第一節　『釋日本紀』

『釋日本紀』　巻第一の［開題］に次の様な問答がある。

史料2

問。此國謂東海女國、又謂東海姫氏國。若有其説哉。

答。師説、梁時、寶志和尚讖云、東海姫氏國者、倭國之名也。今案、天照大神、始祖之陰神也。神功皇后又女主也。就此等義、或謂女國、或稱姫氏國也。謂東海者、日本自大唐當東方之間、唐朝所名也。

［問フ。此國ハ、東海女國ト謂ヒ、又、東海姫氏國ト謂フ。若シクハ其ノ説有ル哉。

答フ。師説ク、梁ノ時、寶志和尚讖シテ云ク、東海姫氏國ハ、倭國ノ名ナリ。今案ズルニ、天照大神、始祖ノ陰神ナリ。神功皇后マタ女主ナリ。此レ等ノ義ニ就キ、或ハ女國ト謂ヒ、或ハ姫氏國ト稱スナリ。東海ト謂フハ、日本ハ大唐自リ東方ニ當ルノ間、唐朝ノ名ヅク所ナリ。」

『釋日本紀』[2]

「日本は、なぜ、東海女国とか東海姫氏国と言われることがあるのか。」と言う質問に、「たしかに、（略）東海女国とか東海姫氏国は倭国の名であるが、それは勘案するに、天照大神が始祖の陰神で神功皇后が女主だからであろう。これらの道義により、あるいは女国と言い、あるいは姫氏国と言うのだ。東海というのは、日本は唐の国より東にあたるので、唐が名づけたのである。」と答えている。

これは、日本書紀について、と言うより、『魏志』倭人伝に

史料3

世《ママ》有王皆統屬女王國

〔世〻王あるも、皆女王国に統属す。〕　『魏志』[3]

史料4

自女王國以北特置一大率検察諸国

〔女王国より以北には、特に一大率を置き、諸国を検察せしむ〕　『魏志』[4]

と、卑弥呼について書かれている所などや、『後漢書』倭伝の

史料5

自女王國東度海千餘里至拘奴國雖皆倭種而不属女王自女王國南四千餘里至朱儒國
［女王国より東、海を度ること千余里、拘奴国に至る。皆倭種なりといえども女王に属せず。女王国より南四千余里、朱儒国に至る。］『後漢書』(5)

などの、卑弥呼のことを指している箇所についての質問であると考えられるが、『釋日本紀』では、前出の様に、天照大神と神功皇后を出して、その答えとしている。ところが、『日本書紀』の神功皇后紀に次の様な箇所がある。

史料6

卅九年。是年也、太歳己未。［魏志云、明帝景初三年六月、倭女王遣大夫難斗米等、詣郡、求詣天子朝獻。太守鄧夏遣吏將送詣京都也。］
卌年。［魏志云、正始元年、遣建忠校尉梯携等、奉詔書印綬、詣倭國也。］
［三十九年。是年、太歳己未。魏志に云はく、明帝の景初の三年の六月、倭の女王、大夫難斗米等を遣して、郡に詣りて、天子に詣らむことを求めて朝献す。太守鄧夏、吏を遣して将て送りて、京都に詣らしむ。
四十年。魏志に云はく、正始の元年に、建忠校尉梯携等を遣して、書・印綬を奉りて、倭国に詣らしむ。］『日本書紀』(6)

［三十九年。この年は、太歳は己未にあった。「魏志に『明帝の景初三年六月、倭の女王は、大夫難斗米等を遣して、帯方郡に到達して天子にうかがうことを、求めて朝献した太守鄧夏は、役人を派遣して、連れて送り、京都に至らしめた。』とある。」四十年。「魏志に『正始元年に、建忠校尉梯携らを派遣して、詔書・印綬を奉って、倭国に至らしめた。』とある。」］

内容は以上である。ここには、卑弥呼という名こそ出てこないが、神功皇后と卑弥呼が同一人物であるかのようにみえる。(7)

『魏志』には、景初三年（二三九）六月、倭の女王は魏に使いを送り、天子に朝献することを申し出、その年の十二月、倭の女王に次の様な返事をしたとある。

史料7

制詔親魏倭王卑彌呼（略）汝所在踰遠乃遣使貢獻是汝之忠孝我甚哀汝今以汝爲親魏倭王假金印紫綬裝封付帯方太守假授汝其綏撫種人勉爲孝順

［親魏倭王卑弥呼に制詔す。（略）汝がある所踰かに遠きも、乃ち使を遣わして貢献す。これ汝の忠孝、我れ甚だ汝を哀れむ。今汝を以て親魏倭王となし、金印紫綬を仮し、装封して帯方の太守に付し仮授せしむ。汝、それ種人を綏撫し、勉めて孝順をなせ」『魏志』(8)

これについては、時代は下るが、南北朝期に『神皇正統記』を記した北畠親房も、神功皇后と卑弥呼が同一人物であるかのように考えていた節があり、神功皇后の段で、次の様に記している。

史料8

「倭國ノ女王使ヒヲ遣ハシテ來朝ス。」ト後漢書ニミエタリ。

しかし、『日本書紀』の編者たちは、敢えて同一人物とはしていない。『神皇正統記』(9)その時代背景から考慮しても、新羅に対峙する人物として、『日本書紀』に登場する。(10)しかも、神功皇后と卑弥呼の時代は、巧妙に干支を百二十年ずらしてあり、作為的に、卑弥呼らしくにおわすところで終っている。神功皇后は、

国史編纂にあたって、中国の書物中の倭国の記述は無視できないが、天地創造からはじまり、天照大神から連綿と続いている天皇の系譜の中に卑弥呼らしき人物を取り込んでおかないと、辻褄があわないと考えられた末の結果だったのであろう。

ともあれ、『釋日本紀』が、卑弥呼には触れず、あくまで『日本書紀』の登場人物によって、「女國」・「姫氏國」を説明していること、それが天照大神と神功皇后であって、『日本書紀』中の女帝、推古・皇極（斉明）・持統については言及していない事が興味深い。

さらに、『釋日本紀』を書くにあたって資料にされた、『日本書紀私記』では、

史料9　『日本書紀私記』[11]

神功皇后者。又女帝也。

となっている。

この『日本書紀私記』と『釋日本紀』の「女帝」・「女主」の表現の違いについては、第二章において詳しく考察を試みたいと思う。

結局、『釋日本紀』中では天照大神と神功皇后が、同等に扱われている事が、最も注目すべき重要な事柄なのである。つまり、神功皇后は、天照大神と並ぶ「日本の代表者」であったのではないか、と結論付けられるのである。

第二節　『日本書紀纂疏』・『日本書紀神代巻抄』・『日本書紀聞書』

『釋日本紀』の中では、さらりと受け流されているが、その他の日本書紀註釈書の中では、「姫氏國」について取り上げられている部分の方が多い。

まず、『日本書紀纂疏』であるが、本書は、室町時代随一の学者、一条兼良によって、一四五五～一四五七年頃に著された、『日本書紀』の「神代巻上下」の注釈書である。上巻第一に次の様にある。

史料10

五云、姫氏國、出寶誌和尙讖文、晉書傳曰、男女子無大小、悉黠面文身、自謂太伯之後、蓋姫氏周姓、周大王之長子、吳太伯讓國逃荊蠻、斷髮文身、以避龍蛇之害、而吳瀕東海、本朝俗皆黠面椎髻、故稱太伯之後、則名國曰姫氏、然吾國君臣、皆爲天神苗裔、豈太伯之後哉、此蓋附會而言之矣、但考韻書、姫婦人之美稱、而天照太神、始祖之陰靈、神功皇后、中興之女主、故國俗或假借用也、依字不依義也、

〔五ニ云ウ、姫氏國、寶誌和尙ノ讖文ニ出ヅ、晉書ノ傳曰、男女子大小無ク、悉ク面ヲ黠シ身ヲ文ル、自ラ太伯ノ後ト謂フ、蓋シ姫氏ハ周ノ姓ナリ、周ノ大王ノ長子、吳ノ太伯國ヲ讓テ荊蠻ニ逃ル、髮ヲ斷チ身ヲ文テ以テ龍蛇ノ害ヲ避ク、而モ吳ハ東海ニ瀕シ、本朝ノ俗皆黠面椎髻ス、故ニ太伯ノ後ト稱シ則チ國ヲ名テ姫氏ト曰フ、然モ吾ガ國ノ君臣、皆天神ノ苗裔爲リ、豈太伯ノ後ナラン哉、此レ蓋シ附會シテ而之ヲイフナリヤ、但韻書ヲ考ルニ、姫ハ婦人ノ美稱ナリ、而モ天照太神ハ、始祖ノ陰靈ナリ、神功皇后ハ、中興ノ女主ナリ、故ニ國俗或ハ假ニ借リ用ルナリ、字ニ依テ義ニ依ラズナリ、〕

『日本書紀纂疏』(12)

内容としては、

「姫氏国と言うのは、宝誌和尚の讖文にみられ、晋書の伝えるところだが、男・女・

子ども皆点面して身を飾り、自ら太伯の後裔と言っているが、思うに、姫氏は、周の姓である。周の大王の長子呉の太伯が、国を譲って荊蛮に逃れた。髪を断ち身を飾って龍蛇の害を避けた。しかも呉は東海に近かった。我が国の習俗は、皆点面し髪を束ねていた。故に太伯の後裔と称し、国を名のって姫氏という。しかし、我が国の君臣は、皆天神の苗裔であり、どうして太伯の後裔あることがあろうか。思うに、こじつけてこれを言ったに違いない。ただ、韻書をあれこれとつきつめると、姫は婦人の美称である。しかも、天照大神は、始祖の陰霊であり、神功皇后は中興の女主である。よって、国の俗説は、うそを借り用いていることもあるから、字の意味をあてにしてはいけない。」

という様なところであろうか。

一条兼良は、日本が、中国古代の周の太伯の後裔であるなどという説は、附會（こじつけ）である、ときっぱり否定し、やはり天照大神と神功皇后の存在をもってして、「姫氏國」と言われていることの論拠としている。

次に『日本書紀神代巻抄』である。この本は、室町時代に京都吉田神社の祠官で、吉田神道を興した卜部（吉田）兼倶の五男で、清原宗賢の養子となった、清原宣賢の天文五年（一五三六）の講義聞書である。

宣賢も「姫氏國」について次の様に書いている。

史料11

姫氏國ト云。日本ハ泰伯ノ子孫也。呉國ハ日本ニ近シ。身ヲモトラカシ。ケシヤウヲスルハ、龍蛇ノ害ヲ避ン爲也。身ノカタワナル者ヲハ、龍蛇カ近ツカヌ故也。是ハ、晉書ノ說也。此義ヲハ用イマイソ。姫ハ、婦人之美稱也。天照太神、又ハ神功皇后ノ御事ヲ指ヘシ。日本ハ、神明ノ苗裔ナレハ、呉泰伯ノ子孫ト云ヿアルヘカラス。

『日本書紀神代巻抄』(13)

「泰伯の子孫というのは、晋書の説であり、この理由は用いない。姫は婦人の美称で、天照大神または、神功皇后の事を指す。日本は神明の苗裔なので、呉泰伯の子孫ということなどあるわけがない。」

と強く否定している。ここでも、天照大神と神功皇后が登場する。

最後にもう一つの史料を見てみたい。これは、前出の清原宣賢の二男で、吉田家の家督を継いだ、卜部兼右の永禄十年（一五六七）の講義聞書『日本書紀聞書』である。

史料12

十一ニハ姫氏國。是ハ寶志《ママ》和尚ノ讖文ニ出タリ。其ノ意ハ、晉書ノ傳ヲ案スルニ、日域ノ人、男女共ニ面ヲカサリ身ヲ文シ、自ラ泰伯ノ後身也ト思ヘリ。而ルニ姫氏ハ周姓ナリ。周ノ大王ノ嫡子ノ呉泰伯、國ヲ譲テ荊蠻ニ遁レ、髪ヲ切リ身ヲ文シテ龍蛇ノ害ヲ遁レ、東海ニ趣キ、ソノ苗裔日本ニ落集テ、泰伯ノ姿ヲ似セテ此如致スゾト、唐ノ人意得テ、此國ヲ姫氏國ト名ケタリ。故ニ唐ニハ髪ヲ切ル事無シ。夷國ハ此如スルナリ。之依唐ニハ日本ヲモ九夷ノ内ニ取ナリ。是等ノ義ハ皆恐クハ非ナリ。既ニ日本國ハ天神七代ヨリノ後胤ナリ。何ンソ泰伯カ子孫ト云ハン歟。但シ姫氏ト云文字ニ依テ、彼レカ付ケタル義ヲ除テ之ヲ用イハ、姫、居ノ切。説文ニ、婦人ノ美稱也。師古云、姫、本ト周ノ姓、衆國ノ女ヨリ貴シ。所以ニ婦人ノ美稱スルヲ、皆姫ト稱スト云々。又タ毛詩ノ書ニハ、美女之ヲ姫姜謂ウト云々。私云、姫姜トハ、女ヲ讃メタル言也。此如ク字書ノ心ヲ以テ云ハ、但女ノ美稱ヲ姫トハ云ナリ。所詮吉田ノ説ハ、姫ハ婦人ノ名ナリ。天照大神ハ日本ノ元祖ナリ。神功皇后ハ中興ナリ。何レモ女體ナル故ニ爾ル名ナリ。

『日本書紀聞書』(14)

ここでも、「日本国は天神七代よりの後胤」なので、「どうして泰伯の子孫というのか」と太伯（泰伯）子孫説をきっぱり否定している。ただし、「姫氏と云う文字について考えると、中国の設文解字では、婦人の美称であり、また毛詩の書に美女を姫姜というので、吉田の説では、姫は婦人の名であり、天照大神は日本の元祖で神功皇后は中興で、どちらも女性だからその名がついたのだと考える。」としている。

書き方や、アプローチの手法は、諸本少しずつ相違があるが、結論はほぼ同じで、日本は神の子孫であり、その先祖に天照太神と神功皇后がいるから、というのが共通している。つまり、『釋日本紀』以外の日本書紀注釈書でも、神功皇后は天照太神と並ぶ位置にあったと結論できよう。

この「日本国太伯子孫説」は、倭人について、晋書（五七八～六四八）に「自謂太伯之後[15]」とあることや、梁書（～六三七）に「倭者自云太白之後[16]」と書かれている事が発端となって、これらの書物の流布と共に中世社会ではかなり広がっていたと思われる。

『神皇正統記』（一三三九～一三四三）の応神天皇の項にも

史料13

異朝一書ノ中ニ「日本ハ呉ノ太伯ガ後也ト云。」トイヘリ。返々アタラヌコトナリ。昔日本ハ三韓ト同種也ト云事ノアリシ、カノ書ヲバ、桓武ノ御代ニヤキステラレシナリ。天地開テ後、スサノヲノ尊韓ノ地ニイタリ給キナド云事アレバ、彼等ノ國々モ神ノ苗裔ナラン事、アナガチニクルシミナキニヤ。ソレスラ昔ヨリモチヰザルコト也。天地神ノ御スエナレバ、ナニシニカ代クダレル呉太伯ガ後ニアルベキ。（略）異學ノ輩ノ云出セル事歟。後漢書ヨリゾ此國ノコトヲバアラアラシルセル。符合シタルコトモアリ、又心エヌコトモアルニヤ。唐書ニハ、日本ノ皇代記ヲ神代ヨリ光孝ノ御代マデアキラカニノセタリ。　『神皇正統記』[17]

とあり、

「異国の書物のなかに、［日本は呉の太伯の後裔という］とあるが、これは、全く正確ではない。昔は、日本は、三韓と同種だということがあったが、その書物は桓武天皇の御代に焼き捨てられたという。天地開けてからスサノヲノミコトが、韓の地に行かれたというから、彼の地も神の苗裔だと言うのは、あながち考えられない事もないが、そんな事も昔から信じられていない。天地神の末裔なのだから、なぜ、後の時代の太伯の後裔などと言う事があろうか。異端の学説をとなえる輩の言い出したことだろうか。後漢書から我が国のことが、書かれており、符合していることも、してないこともある。唐書には、日本の皇代記が神代から光孝天皇の御代まで載っているのだ。」と、親房もかなり立腹しているように見える。

いずれにしても、この「姫氏国」についての、「日本国太伯子孫説」は、日本書紀の講読を行う時に、きっぱりと否定しておくべきことだったのであろう。『釋日本紀』において、特に詳しく書かれていないのは、『釋日本紀』が、まとめられた頃は、さほど流布していたことでは無かったのかもしれない。また、『日本書紀』に無いことは、無視する方針だったとも考えられる。

しかし、何よりも注目すべきは、東海女国・姫氏国について説明する時、天照大神と並んで神功皇后がかくも日本国の独自性を証明する要因となっていることである。『日本書紀』中の女帝達には少しも触れず、神功皇后のみが取り上げられていると言う事は、他の女帝と違って、神功皇后は既に天照大神と同じ「神」になっていたのではないかと考えられるのである。

第二章　『釋日本紀』の神功皇后観

第一節　『日本書紀私記』からの考察

「釋日本紀は、朝廷に於ける日本書紀講読の私記を最大の資料としている。日本書紀の講読は、明経道・紀伝道などの学者の家によって守られ、その説は日本書紀私記として今日に伝えられ、『新訂増補国史大系』(8)におさめられている。[18]」(小野田光雄)では、その最大の資料『日本書紀私記』は、神功皇后をどう描いているのだろうか。こちらから先に勘案してみたい。

『新訂増補国史大系』(8)に収められている『日本書紀私記』は甲本・乙本・丙本・丁本の四書がある。乙本は神代のみなので、神功皇后について特に記述はない。甲本・丙本は、メモのように単語が並べられているのみである。甲本には、「神功

皇后　第十五[19]」と書かれ、あとは、二頁にわたって単語が記されているのみだが、神功皇后を第十五代としている所は、見逃せない。

丙本は、天皇・天王・皇帝などの言葉が使用されており、記述にかなり混乱がある。各天皇の冒頭部分を一部抜き出してみると、次の様になっている。

＊本紀第六　皇帝　十一代　垂仁天王
　活目入彦五十狭芽[20]（後略）
＊本紀第七　皇帝十二代　景行天皇
太足彦忍代別[21]（後略）
＊天皇第十三　成務天王
稚足彦[22]（後略）
＊本紀第八
天皇第十四　仲哀天皇
足仲彦[23]（後略）
＊本紀第九　天王第十五　神功皇后
氣長足姫尊　曽孫[24]（後略）
＊本紀第十　皇帝十六代　應神天皇

蚊田　譽田(25)（後略）

垂仁天皇から応神天皇まで見ただけでも書き方の一貫性の無さが良く解る。ただ、神功皇后を十五代とかぞえ、また一人だけ気長足姫尊と「尊」が付けられており、著述分量も神武天皇の項に続き二番目に多い。それだけ、神功皇后の項が丁寧に講読されていたとも考えられる。この「尊」号については、次の節で詳しく説明したい。

最後に丁本である。ここに件の記述がある。

史料14

問。此國稱姫氏國。若有其説乎。

師説。梁時寶志《ママ》和尚讖云。東海姫氏國。（略）東海姫氏國者。倭國之名也。今案。天照大神者始祖陰神也。神功皇后者。又女帝也。以此等。稱姫氏國。

［問フ。此國ヲ姫氏國ト稱ス。若シ其ノ説有ヤ。

師説ク。梁ノ時ニ寶志和尚ノ讖ニ云フ。東海姫氏國。（略）東海姫氏國ハ、倭國ノ名ナリ。今案ズルニ、天照大神ハ始祖ノ陰神ナリ、神功皇后ハ、又女帝ナリ。此レ等ニ依リテ、姫氏國ト稱ス。］

『日本書紀私記』(26)

「この国を姫氏国と称す。その様な説が有るのだろうか。」という質問に、「師の言われるには、梁の時代に宝誌和尚の讖にそうあるが、東海姫氏国は、倭国の名である。

今これを考えると、天照大神は始祖の陰神であり、神功皇后はまた女帝である。この理由により姫氏国と称すのである。」と答えている。

『日本書紀私記』では、はっきりと「女帝」と認識されていたと結論付けてもいいであろう。

第二節　『釋日本紀』は女帝としていたか

『日本書紀私記』では「女帝」となっているのに、兼方は何故「女主」と記述したのだろうか。

これについては、「古事記のたちばをあくまでも支持し皇后女帝説を絶対に認めなかったので、窮余の一策として女帝を女主に改変したに違ひない。[27]（吉井良隆）」などの意見がある。

しかし、国史である『日本書紀』の註釈書がなぜ『古事記』の立場をあくまでも支持せねばならないのだろうか。ともあれ、兼方が、おそらく意図的に「女帝」を「女主」に書き換えているのは、事実である。兼方が神功皇后をどう認識していたか、『釋日本紀』の他の部分から考察して行こうと思う。

『釋日本紀』は、〔開題〕・〔注音〕・〔乱脱〕・〔帝王系図〕・〔述義〕・〔秘訓〕・〔和歌〕の七部門からなり、この中でも、意味・意義・趣意などを明らかにする〔述義〕が、最も重要な部分である。

〔述義〕七　第九は、『日本書紀』神功紀の解説にあたる。

史料15

氣長足姫尊稚日本根子彦太日ゝ天皇之曾孫氣長宿祢王之女也　先代舊事本紀曰。開化天皇兒、彦坐皇子命兒、山代太箇城眞若王兒、迦迩米電王兒、息長宿祢女、氣長姫命是也。

開化天皇―彦坐王―山城大箇城眞若王―迦迩米電王―息長宿祢―氣長足姫尊

□□案之、息長宿祢者、開化天皇之玄孫也。曾孫者只表末孫之義。故、訓之比ゝ古也。

〔兼方（大永本）之ヲ案ルニ、息長宿祢ハ、開化天皇ノ玄孫ナリ。曾孫ハ只末孫ノ義ヲ表ス。故ニ、之比ゝ古ト訓スナリ。〕

『釋日本紀』(28)

ここに記されている「氣長足姫尊」が神功皇后のことであるが、神功皇后は、開化天皇の玄孫であり、曽孫はただ末孫を表しているので、「ひひこ」と訓する、としている。

ちなみに、『令』の継嗣令の箇所を見てみると次の様になっている。

史料16

凡皇兄弟。皆為親王。女帝子亦同。以外並為諸王。自親王五世雖得王名。不在皇親之限。

〔凡そ皇の兄弟、皇子をば、皆親王と為よ。女帝の子も亦同じ。以外は並に諸王と為よ。親王より五世は、王の名得たりと雖も、皇親の限に在らず。〕『令』[29]

一般に計世法は、本人より計える場合と、子の世代より計える場合とがある。彦坐王から計えると神功皇后は五世になるが、山城大筒城眞若王から計えると四世になる。しかし、わざわざ開化天皇からの系譜を書いてある事を考えると、神功皇后が皇親であることを証しておく目的が核心であったのだろうと思われる。兼方も「ひひこ」と訓する、と言っているだけで、皇親であることは特に否定していない。

他にも、〔述義〕七の神功皇后の項では、日本各地の風土記を引用している。

＊筑紫風土記―「息長足比賣命」

＊筑前國風土記―「氣長足姫尊」

＊播磨國風土記―「息長帯比女命」『釋日本紀』[30]

また、〔述義〕一一にも住吉大神の項に

史料17

攝津國風土記曰。所以稱住吉者、昔息長帶比賣天皇世（略）『釋日本紀』[31]

と出て来る。「命」・「尊」・「天皇」と表現が様々でも、そのまま忠実に書き記している。

これらの風土記は、現存していないが、『釋日本紀』が書かれた時には手元にあったのであろう。兼方は、様々に記述されていた神功皇后のことをそのままの表現で書き表している。

また、「皇太后攝政元年」のところでは、

史料18

（兼方）[32] 案之、神功皇后不卽帝位。仍古事記不立帝皇御代也。『釋日本紀』[33]

とある。

「（私、兼方が）これをよく考えてみると、神功皇后は（『日本書紀』では）帝位に就かれなかった。そういうわけで古事記は、帝皇の御代に立てなかったのだ。」と言うところだろうか。

つまり、国史である『日本書紀』中の「皇太后攝政元年」という立場から古事記を説明しているのである。神功皇后を女帝と認めないというよりは、『日本書紀』ではそうなっているので、という感覚である様に思われる。

［帝皇系図］部での神功皇后は、「神功皇后」として、仲哀・応神天皇の間で、一代と数えられており、神功皇后自身の系図は、開化天皇の箇所に詳しく書かれている。内容は、前出［述義］七と同じであるが、『日本書紀』にはこの系図のことが、出て来ない事から、この系図は、『古事記』中巻の開化天皇の章を元に制作されたのであろう。

この［帝皇系図］部で大変興味深いのは、神武天皇から持統天皇までの間で、天皇になった人物以外に「尊」がついているのは、気長足姫尊と小碓尊（日本武尊）と飯豊青尊（草壁皇子尊は、長岡天皇ト號スとあるので除外する）の三人だけである。聖徳太子でさえ厩戸皇子となっているのだから、この三人だけは、別格なのだろう。

［注音］部の第一に次の様な一文がある。

史料19

至貴《イタテタフトキヲハ》　曰尊《イフソムト》　自餘《コレヨリアマリヲハ》　曰命《イフメイト》、並、訓美擧等《ナラヒニイフミコト》也、下皆《シモミナ》、效此《ナラヘコレニ》

［至テ貴キヲバ尊《ソン》ト曰フこれヨリ餘《アマリ》ヲバ命《メイ》ト曰フ、並《ナラビ》、ニ美擧等《ミコト》ト訓《イ》フナリ、下皆、此レニ效《ナラ》へ］　『釋日本紀』(34)

この文に従えば、このうえなく貴い方は「尊」といい、それ以外は「命」ということになる。よって気長足姫尊と小碓尊（日本武尊）と飯豊青尊はやはり、特別な存在と

考えても良いのではないだろうか。
三人に共通なのは、天皇に等しい働きをしたという事であろう。神功皇后と日本武尊は、説明するまでもないが、「飯豊青尊」である。この人物は、履中天皇の孫で、顕宗・仁賢天皇の姉である。『日本書紀』顕宗天皇　即位前紀にこうある。

史料20

是月、皇太子億計王與天皇讓位。久而不處。由是、天皇姉飯豐靑皇女、於忍海角刺宮、臨朝秉政。自稱忍海飯豐靑尊。

〔是の月に、皇太子億計王と天皇と、位を譲りたまふ。久にして処たまはず。是に由りて、天皇の姉飯豊青皇女、忍海角刺宮に臨朝秉政したまふ。自ら忍海飯豊青尊と称りたまふ。〕

『日本書紀』(35)

弟達（億計と弘計）が天皇の位を譲り合って空白になっていたので、自ら忍海飯豊青尊と名乗って臨時に政務を執り行った、という。

『釋日本紀』は、この皇女も無視していない。〔帝皇系図〕部に

史料21

履中天皇━磐坂市邊押羽皇子━飯豐靑尊

『釋日本紀』(36)

と載っており、顕宗・仁賢天皇の姉であることも一目で判るようになっている。

ちなみに、『扶桑略記』では、

史料22

飯豊天皇　廿四代　女帝　无王子　清寧天皇養子　「履中女」　『扶桑略記』(37)

とされており、『水鏡』にも、

史料23

二十四代　飯豊天皇　即位年崩、年四十五、葬大和國埴内丘陵

つぎのみかど飯豊天皇と申しき、これは女帝におはします。『水鏡』(38)

となっている。

過去の研究者や、書物の書き手は、細部にまで『日本書紀』を読み込んでいたかが窺い知れよう。

ところで、『釋日本紀』以外の書物では、神功皇后はどの様に認識されていたのであろうか。

『水鏡』は、

史料24

第十五代　神功皇后　六十九年崩、年百、葬大和國狭城楯列池ノ上陵

つぎのみかど神功皇后と申しき、開化天皇の御曾孫《おんひひご》なり、仲哀天皇の后にておは

せしなり。御母葛木高額媛、辛巳の歳十月二日位につき給ひき。女帝は、この御時始まりしなり。世をたもち給ふこと六十九年、御心ばへめでたく、御かたち世にすぐれ給へりき。『水鏡』(39)

と書き、

「第十五代、神功皇后は、在位六十九年で、崩御された。御歳百歳であった。大和國狭城楯列池ノ上陵に葬られた。（つぎの）このみかどは神功皇后という。開化天皇の御曾孫である。仲哀天皇の后であられた。御母は葛木高額媛である。辛巳の歳十月二日位につかれた。女帝はこの時から始まった。世を治められること六十九年。優れた心ばえの方であり、そのありさまは、とても秀でておられた。」としている。

次に『扶桑略記』は、「神功天皇」としていることで異色の史料である。

史料25

神功天皇　十五代　治六十九年　王子一人即位　女帝始之

開化天皇曾孫。仲哀天皇后。氣長足姫也。母葛木高額媛也。

［神功天皇　十五代　治ムルコト六十九年　王子一人即位　女帝之始メナリ

開化天皇曾孫。仲哀天皇后。氣長足姫也。母葛木高額媛也。］『扶桑略記』(40)

さらには、鎌倉時代初期に、天台座主をつとめた大僧正慈円の著作である史書『愚管抄』にも「女帝ハジマリテ」とある。

史料26

神功皇后、又開化ノ五世ノ女帝ハジマリテ應神天皇イデオハシマシテ、今ハ我國ハ神代ノ氣分アルマジ、（略）其ニ神功皇后ノ例モ有。推古ノヤガテ御卽位ハアルベキナリ。（略）皇極ト申ハ、敏達ノヤシハゴ、舒明ノ后ニテ、天智天皇ヲウミタテマツリテ東宮ニタテ、ヤガテ位ニツキテオハシマシケルハ、神功皇后ノ例ヲ、ヲハレケルトアラハニミエ侍リ。『愚管抄』[41]

ここでは、神功皇后が息長宿祢の娘であることより、開化天皇の五世の子孫であることを重要視している。

史料27

ヨキ臣家ノヲコナフベキガアルトキハ、ワザト女帝ニテ侍ベシ。神功皇后ニハ武内、推古天王ニハ聖德太子、皇極天皇ニハ大織冠、カクイデアハセ給ニケン。『愚管抄』[42]

そして、また別の箇所では、推古天皇や皇極天皇といった実在の女帝とはっきりわかっている二人と並べ、女人が国を治めることを是とする持論を展開している。

最後に『八幡宮巡拝記』である。

史料28
今ノ大菩薩ハ十六代ノ應神天王也、御父ハ大和武命ノ尊ノ御子仲哀天王ト申キ、
御母ハイキナカスクネノ王ノ御女神功皇后也、父母トモニ皇帝ニテヲハス
『八幡宮巡拝記』(43)

「父母トモニ皇帝ニテヲハス」と書かれているのであるから、神功皇后が女帝であると看做されていることは自明である。

以上の様に幾つかの史料を見ても、当時の世の中では、神功皇后が「女帝」と認識されていたと言っても間違っていないであろう。勿論これらの書物を書いた作者達は、『日本書紀』を読んだ経験があったと思われる。彼らは、『日本書紀』の内容と行間から神功皇后が女帝であったと自ら判断を下したのである。(44)

それらの人々と『釋日本紀』の著者、卜部兼方の違いは何なのだろうか。兼方は、『日本書紀』にしたがって、〔帝王系図〕・〔述義〕・〔秘訓〕・〔和歌〕に神功皇后の章立てもしており、かなりの量を割いて記述している。神功皇后を女帝と認識する、しないと言うより、兼方は『日本書紀』の講義者として、冷徹なまでに書紀の内容に忠実であろうとしたということだと思うのである。さらにいま一つ考えられるとすれば、鎌倉期に於ける八幡信仰の隆盛に鑑みて、神道学者である兼方の中でも、本稿第一章

の結論と同じく、既に神功皇后は「女神」の域に達していた、と言うことかも知れない。

第三章　神功皇后は何故「中興」なのか

第一章第二節で用いた史料、一条兼良著『日本書紀纂疏』と、卜部兼右著『日本書紀聞書』には、神功皇后に意味深長な言葉を付与している。それは、『釋日本紀』には見られないところの「中興」である。

史料29

天照太神、始祖之陰靈、神功皇后、中興之女主、　　『日本書紀纂疏』(45)

〔天照太神ハ、始祖ノ陰靈ナリ、神功皇后ハ、中興ノ女主ナリ、〕

史料30

天照大神ハ日本ノ元祖ナリ。神功皇后ハ中興ナリ。　　『日本書紀聞書』(46)

「中興」とはいったいどう言う意味なのだろうか。

＊中興：いったん衰えた物事を中頃に再び盛んにすること。また、その人。「中

興の祖」　『国語大辞典』(47)

これは、現代の辞書に載っている、「中興」の意味なので、中世と同じ意味かどうか確実ではない。そこで、室町末期の日本語を知る事が出来る、日本イエズス会の神父達によって、一六〇三年に編纂された『日葡辞書』を参照してみたいと思う。

＊Chŭcô—Naca vocoſu. Tornar areſazer, ou aleuantar o que ſe bia deſtruindo.　『日葡辞書』(48)

（訳）Chŭcô…チュウコウ（中興）Naca vocosu.（中興す）崩壊しつつあったものを再び興すこと，あるいは，復興すること。　『邦訳　日葡辞書』(49)

原文・訳、共に英国オックスフォード大学蔵本によるものである。『日本書紀纂疏』は一四五五〜一四五七年成立、『日本書紀聞書』は一五六七年成立とされているので言語としてはそれほど変化していないのではないかと考えられる。とすれば、神功皇后は、「崩壊しつつあったものを再び興した、または、復興した」という事になる。

では、日本書紀註釈書以外の史料ではどうなっているのであろうか。前出、『日本書紀纂疏』の著者一条兼良は一四八〇年に、まだ年少であった室町幕府将軍足利義尚（在職：一四七三〜一四八九年）の諮問の答えとして『樵談治要』という意見書を著わしている。義尚は、室町幕府八代将軍足利義政（在職：一四四九～一四七三年）の正室日野富子の実子で、この頃富子は、将軍義尚の後見をして政治を動かしており、その事についての兼良の意見の部分が、次の内容である。

史料31

簾中より政務をゝこなはるゝ事

此日本國をば姫氏國といひ又倭王國と名付て。女のおさむべき國といへり。されば天照太神は始祖の陰神也。神功皇后は中興の女主たり。此皇后と申は八幡大菩薩の御母にて有りしが。新羅百濟などをせめなびかして足原國をおこし給へり。目出かりし事ども也。又推古天皇も女にて。朝のまつり事を行ひ給ひし時。聖德太子は攝政し給て。十七ヶ條の憲法などさだめさせ給へり。其後皇極持統元明元正孝謙の五代も皆女にて位に付。政をおさめ給へり。もろこしには呂太后と申は漢の高祖の后惠帝の母にて政をつかさどり侍り。唐の世には則天皇后と申は高宗の后中宗の母にて年久敷世をたもち侍り。宋朝に宣仁皇后と申侍りしは哲宗皇帝の母にて。簾中ながら天下の政道をゝこなひ給へり。これを垂簾の政とは申侍る也。ちかくは鎌倉の右大將の北の方尼二位政子と申しは北條の四郎平の時政がむすめにて二代將軍の母なり。大將のあやまりあることをも此二位の敎訓し侍し也。大將の後は一向に鎌倉を管領せられていみじき成敗ども有しかば。承久のみだれの時も二位殿の仰とて義時も諸大名共に廻文をまはし下知し侍りけり。貞観政要と云書十巻をば菅家の爲長卿といひし人に和字にかゝせて天下の政のたすけとし侍りしも此二位尼のしわざ也。かくて光明峯寺の關白の末子を鎌倉へよび下し楢子にし侍りて將軍の宣旨を申なし侍り。七條の將軍頼經と申は是也。此將軍の代貞永元年に五十一ヶ條の式目をさだめ侍て。今にいたるまで武家のかゞみとなれるにや。されば男女によらず天下の道理にくらからずば。政道の事。輔佐の力を合をこなひ給はん事。さらにわづらひ有べからずと覺侍り。『樵談治要』(50)

「この日本国は姫氏国といい、また倭王国と名付けて、女の治めるべき国といった。そもそも天照大神は始祖の陰神である。神功皇后は中興の女王である。この皇后とお呼び申し上げる方は、八幡大菩薩の御母上である。新羅・百済などを攻め、服従させて足原国を興隆させせられた。すばらしい事である。また推古天皇も女である。朝廷の政務を執られるときは、聖徳太子が摂政をされて、十七カ条の憲法などをさだめさせられた。其の後、皇極天皇・持統天皇・元明天皇・元正天皇・孝謙天皇の五代も皆女で位に付き、政務を執られた。唐土には、呂太后という、漢の高祖の后で、恵帝の母が政務を執った。唐の時代には、則天武后という、高宗の后で、中宗の母が、長年世を治めた。宋の朝廷の宣仁皇后という人は、哲宗皇帝の母で、簾中ではあったが、天下の政治の道を行われた。これを簾中のまつりごと、いうのである。近い時世では、鎌倉の右大将（源頼朝）の妻、尼で二位の政子という人は、北条四郎平時政の娘で、二代将軍の母である。右大将が正しくない時も、この二位政子が教えさとしたのである。右大将亡き後は、全く変わらず鎌倉を治め取り締まられて、適切な政治を行われた。承久の乱の時も、二位の尼の仰せと言って、（北条）義時も諸大名達に廻文をまわし、下の者に指図をなさった。貞観政要という書十巻を、菅原為長卿という人に仮名にかきなおさせて、天下の政治の助けとしたのもこの二位の尼のおこないである。このようにして、光明峯寺の関白の末子を鎌倉へ下向させ、養子にして、将軍として宣旨を出させた。七条の将軍頼経と言われるのはこれである。この将軍の代、貞永元年に五十一カ条の式目を定めた。今に至るまで武家の鑑となっているのだ。であるから、男女によらず、天下の事に精通していれば、政治のこと、補佐の協力を得ても、全く悩むことはないとおもわれます。」という内容である。

日本は、「女のおさむべき國といへり。」と話し、「天照太神は始祖」、「神功皇后は中興の女主たり。」そしてさらに、「足原國をおこし給へり。」と言っており、北条政子の例も挙げて「輔佐の力を合をこなひ給はん事」について、「わづらひ」のあったかも知れない、（恐らくあったのであろう）義尚の質問に、現代に生きる我々ですら驚く様な答えを述べている。「廉中より政務をこなはるる事」が肯定されていることが兼良の趣旨の中心である事は言うまでもないが、それよりも今、注目に値するのは「神功皇后は中興の女主」であり、「足原國をおこした」という記述の方である。「足原國をおこした」のは、対新羅・百済で説明されているが、「新羅・百濟などを」となっている所は、文永・弘安の二度にわたる蒙古襲来時の奇跡的な敵の敗退のことを念頭に置いての発言とは言えないだろうか。崩壊しつつあったもの、すなわち日本国を再び興してくれたのは、神功皇后だという意識が兼良の深層心理にあったからこそ、天照大神よりも記述が多くなっているのではないかと思うのである。

同じく一条兼良が、将軍足利義尚の母、日野富子に宛てて書き記した随筆に、『小夜のねざめ』がある。

史料32

ちと女房の有さまをも申侍るべし。大かた女といふものは。わかき時は父親にしたがひ。ひととなりてはおとこにしたがひ。老ては子にしたがふものなれば。我身をたてぬ事とぞ申める。いかほどもやはらかになよびたるがよく侍ることにや。大かた此日本國は和國とて女のおさめ侍るべき國なり。天照太神も女躰にてわたらせ給ふうへ。神功皇后と申侍りしは八幡大菩薩の御母にてわたらせ給しぞかし。新羅百済をせめなびかして。此あしはらの國をおこし給ひき。ちかくは鎌倉の右大將の北のかた尼二位殿は二代將軍の母にて。大將ののちはひとへに鎌倉を管領せられ。いみじく成敗ありしかば。承久のみだれの時も。此二位殿の仰とてこそ義時ももろ〱の大名には下知せられしか。されば女とてあなづり申べきにあらず。むかしは女躰のみかどのかしこくわたらせ給ふのみぞおほく侍しか。今もまことにかしこからん人のあらんは。世をもまつりごち給ふべき事也。

『小夜のねさめ』(51)

「すこし女性のありかたを申し上げましょう。だいたい女性というものは、若い時は、父親に従い、成人になれば男性に従い、老いては（息）子に従うもので、我が身を目立たないようにすることといいます。できるだけしなやかに、ものやわらかに振る舞うことが良いことですよ。だいたいこの日本国は和国といって女性の治めるべき国です。天照大神も女性の体でいらっしゃるうえに、神功皇后と申されるかたは、八幡大菩薩のお母様でいらっしゃるのですよ。新羅・百済をせめて従わせて、このあしはらの国（日本国）を再び盛んにされたのです。時代の隔たりのすくないところでは、鎌倉の右大将（源頼朝）の奥方の尼二位殿（北条政子）は、二代の将軍の母上で、大将亡き後は、ひたすら鎌倉を管理・支配され、非常に巧みに政務をとられ、承久のみだれの時も、この二位殿の命令であったからこそ、（北条）義時も諸々の大名に指図なさったのです。そうであるので、女性といって見くびりもうしあげるべきではありません。昔は、女性の天皇が立派にいらっしゃったことがとくに多くありました。今も、ほんとうに、才知に富む人がいるときは、政治を行うべきであります。」

将軍足利義尚に宛てた『樵談治要』と内容は酷似しているが、史料の前部には、仏教や儒教道徳でいわれた「婦人の三従」をまず述べている。しかし、そのことに対抗するかの如く、天照大神・神功皇后・北条政子・過去の女帝達を挙げて、「女とてあなづり申べきにあらず」、と女性の政治参加を肯定している。

時の権力者である日野富子に媚び諂ったのであろうか。当代一の学才といわれ、太政大臣・関白を経て出家した一条兼良に、その様な必要があったとは考えられない。やはり、天照大神や神功皇后の存在、特に「あしはらの國をおこした」神功皇后の功績は、兼良の発言の大きな根拠だったと思われるのである。

鎌倉後期に石清水八幡宮の祠官が記したとされている書に『八幡愚童訓』がある。甲・乙二種の本が伝わっているが、特に群書類従所収の甲本は、蒙古襲来時の貴重な史料の一つと言われている。成立時期は、正安三年（一三〇一）〜嘉元二年（一三〇四）

と推定されており、文永十一年（一二七四）と、弘安四年（一二八一）の二回にわたる未曾有の国難から二十年程しか経っておらず、まだ、再襲来の可能性も無かったとは言えない時期の書である。よって、当時の人々の心情を窺うのに適していると思われる。

史料33

夫レ秋津嶋ハ、五畿七道悉ク行雲行雨ノ社壇トシテ、一人万民天神地神ノ御子孫ナリ。大梵天王ノ統御ヲ去リ、中華異域ノ相接離タリ。三韓此土ニ帰スト雖モ、吾朝ハ未ダ他国ニ属サズ。

『八幡愚童訓：甲』(52)

「日本は、万民みな、天神地神の子孫であり、中華や、異国と接しておらず、三韓は帰属したといえど、我が国は、未だに他国に組み入れられた例は無い」として、話は、神功皇后の新羅攻めの事から書き始められて行く。

史料34

皇后若シ女人也ト思食シ弓箭ヲ取ル御事ナカリセバ、天下早ク異賊ニ取ラレ、日本忽チ滅亡シナマシ。我国ノ我国タルハ、皇后ノ皇恩ナリ。

『八幡愚童訓：甲』(53)

「皇后が、もし自分のことを女である、と思われて弓矢を取られることが無かったら、国全体は早くに異民族に支配され、日本国は非常に早く滅亡したであろう。我が国の我が国たるは、神功皇后の皇恩である。」として、異国問題には、神功皇后の御利益を頼みにしたことが窺える。

史料35

異国蜂起ノ時ハ先此山陵ニ官幣ヲ奉リ、祈申サセ給シナリ。則チ是当宮ニハ東御前大多羅志女ノ御事ナリ。神亀元年ニ筑前国若椙山ニ香椎宮ヲ造テ、聖母大菩薩ト崇ラレ給ヘリ。『八幡愚童訓：甲』(54)

「異国が一斉に行動を起こしたときは、まず、この山陵に幣帛を献上し、お祈りをささげられるのである。つまり、当宮においては、東御前の大多羅志女（神功皇后）のことである。神亀元年に筑前国の若杉山に香椎宮を築き、聖母大菩薩と崇められておられる。」

この山陵とは「大和国秋篠ノ山陵」と『八幡愚童訓』にあるが、恐らく『日本書紀』神功紀にある狭城盾列陵のことであろう。秋篠と佐紀は近接しているので、混同されていると思われる。この史料から異国襲来のときは、まず、神功皇后の陵墓に官幣を送り、勝利祈願したことが判る。それが、石清水八幡宮の東御前の神功皇后であり、香椎宮では、聖母大菩薩と崇められていた、神功皇后なのである。

『八幡愚童訓』の中・後半部分は、文永・弘安の役に於ける蒙古の日本に対する猖獗をきわめる行為と、その蒙古が奇跡的に敗走したことが書かれている。蒙古が去った後、著者は次のように述べている。

史料36

異賊ヲ亡シ日本ヲ助給フハ、大菩薩守リ坐ス故ニ、風ヲ吹セテ敵ヲ摧キ、数万ノ賊徒悉ク片時ノ程ニ失シハ、神威ノ致ス所ニテ、人力曾テ煩セズ。当社西御前ハ沙竭羅竜王ノ御女也。今賊徒ノ大将軍、海上ニ青竜出現スルト見テ逃唳クル事、竜王ノ合力申被レケルニヤ。不思議ナル事共也。我神ノ徳風遠仰テ、国家ノ人民煩ハズ。神功皇后ハ海水ヲ上ゲ、文永ニハ猛火ヲ出シ、弘安ニハ大風ヲ吹ス。水火風ノ三災、劫末ナラネド出来テ、神慮ニ任テ自在ナリ。『八幡愚童訓：甲』[55]

「異国の敵を滅亡させ、日本国を助けてくださったのは、大菩薩がお守りくださったからである。風を吹かせて敵を退け、数万の賊徒をほんのわずかな時間で、討ち滅ぼしてくださったのは、神の威光のもたらすところであって、決して人のちからを煩わさなかった。当社の西御前は沙竭羅竜王の御息女である。今賊徒の大将軍が、海の上に青い竜が現れるのを見て逃げ惑ったことは、竜王がお力添えくださったからだろう。不思議なことごとである。我が神の徳風は遠くまでとどき、国民は煩わなかった。神功皇后は海水を吹き上げ文永のときには猛火を出し、弘安には大風を吹かした。水・火・風の三つの災いが、この世の終わりではないが現れて、神のこころに任せて、思うままである。」

ここで注目したいのは、傍線部の箇所である。神功皇后が、水・火・風の三つを使って敵を撃退した、としている事である。つまり、近代まで信じられた「神風」は、女神または、聖母大菩薩である神功皇后の神威によるものであったと考えられていたのである。(56)

よって、この時代以降の史料の中に神功皇后に対して「中興」という記述が見られる様になって来るのである。一旦崩壊しかけた日本国を救ったのは、鎮護国家の幾多の神明の中でも、とりわけ神功皇后の恩恵であり、神功皇后が居なければ、日本は滅びていたかもしれない、というのがこの時期の人々の共通認識だったのではないだろうか。

おわりに

『釋日本紀』は、中世に於ける日本書紀注釈本の内で、最も内容が詳細である。この書の中での神功皇后の扱われ方を見るという事は、当時の貴族達の中で神功皇后がどの様に捉えられていたかを窺い知るのに恰好であると考え、その他の注釈本とも比較検討しつつ、考察を行った。

七二〇年の成立から時を経るにつれ、『日本書紀』の内容を知る人々が増加し、網の目の如く日本という共同体の中に張り巡らされてゆき、さらにその他の書物にまで『日本書紀』の内容が伝播して行ったようである。そして、このたび得られた結果は、神功皇后が、祖神天照大神と並び称えられる存在になった、という事であった。

『釋日本紀』の資料となった『日本書紀私記』が書かれた頃は、まだ神功皇后は、新羅に対峙した人皇の「女帝」としての認識の方が強く、それが数百年の間に蒙古襲来・応永の外寇などを経て「女神」に変化して行ったのである。勿論、八幡信仰の広がりとも無関係では無いだろう(57)。しかし、幾度かの国難(外寇)を経た末に、人々が天照大神に匹敵する鎮護国家の神を模索した時、その願望に応化した中興の神が、神功皇后だったのである。
『日本書紀』の中で大軍を率いて新羅に向かい、帰国後、息子の応神を、夫仲哀天皇の遺児である異母兄達の反乱から守った、強き母神功皇后。この人物が、聖母大菩薩と呼ばれ称賛される所以は、単に八幡神の母という理由だけではない。応神＝民衆と置き換えれば、神功皇后が新しく日本を興した「女神」となっても何ら不思議な事はない。ここにまた一人、天照大神と並ぶ「中興」神功皇后が誕生したのではなかろうか。

註

（1）『日本三代實錄』元慶六年八月二十九日条（新訂増補国史大系(4)　吉川弘文館　一九六六年）五二五頁。
（2）『釋日本紀』（神道大系　古典註釋編　神道大系編纂会　一九八六年）一六頁。尚、『釋日本紀』の「釋」の字は混乱を避ける為、史料外の本文でも、旧字体を使用した。
（3）『魏志倭人伝・後漢書倭人伝・宋書倭国伝・隋書倭国伝　中国正史日本伝（一）』（石原道博編訳　岩波文庫　二〇〇一年）四〇頁。一〇六頁。
（4）『魏志倭人伝・後漢書倭人伝・宋書倭国伝・隋書倭国伝　中国正史日本伝（一）』（石原道博編訳　岩波文庫　二〇〇一年）四八頁。一一一頁。
（5）『魏志倭人伝・後漢書倭人伝・宋書倭国伝・隋書倭国伝　中国正史日本伝（一）』（石原道博

編訳　岩波文庫　二〇〇一年）五八頁。一一二頁。
（6）『日本書紀（二）』（岩波文庫　二〇〇一年）一七二頁。五〇三頁。
（7）大和岩雄（「卑弥呼と神功皇后」『東アジアの古代文化』第一一九号　大和書房　二〇〇四年）・塚口義信（『神功皇后伝説の研究』　創元社　一九八〇年）・岡本堅次（『神功皇后』　吉川弘文館　一九七四年）らも、「『日本書紀』の編者たちが、神功皇后を卑弥呼に重ねている。」と指摘している。
（8）『魏志倭人伝・後漢書倭人伝・宋書倭国伝・隋書倭国伝　中国正史日本伝（一）』（石原道博編訳　岩波文庫　二〇〇一年）五〇〜五一頁。一一三頁。
（9）『神皇正統記』（『神皇正統記・増鏡』　日本古典文学大系　岩波書店　一九六五年）七九頁。
（10）飯沼賢司：
「新羅への排外意識をいち早く察知し、対新羅神である神功皇后の霊を祭祀することで、八幡神の護国の神としての位置を確固たるものにしようとする強い意図があった」

飯沼賢司（『八幡神とはなにか』　角川選書　角川書店　二〇〇四年）一二五頁。
（11）『日本書紀私記』（『日本書紀私記・釋日本紀・日本逸史』新訂増補　国史大系　(8)　吉川弘文館　一九六五年）一八六頁。
（12）『日本書紀纂疏』（『神道大系　古典註釋編　日本書紀註釋㊥』神道大系編纂会　一九八五年）一五四頁。
（13）『日本書紀神代巻抄』（『神道大系　古典註釋編　日本書紀註釋㊦』神道大系編纂会　一九八八年）一四七頁。
（14）『日本書紀聞書』（『神道大系　古典註釋編　日本書紀註釋㊦』神道大系編纂会　一九八八年）

二六一～二六二頁。
(15)『魏志倭人伝・後漢書倭人伝・宋書倭国伝・隋書倭国伝　中国正史日本伝（一）』（石原道博編訳　岩波文庫　二〇〇一年）一三八頁。
(16)『魏志倭人伝・後漢書倭人伝・宋書倭人伝・隋書倭人伝　中国正史日本伝（一）』（石原道博編訳　岩波文庫　二〇〇一年）一四一頁。
(17)『神皇正統記』（『神皇正統記・増鏡』　日本古典文学大系　岩波書店　一九六五年）七九～八〇頁。
(18)『釋日本紀』（神道大系　古典註釋編　神道大系編纂会　一九八六年　解題）一六頁。
(19)『日本書紀私記』（『日本書紀私記・釋日本紀・日本逸史』新訂増補　国史大系(8)　吉川弘文館　一九六五年）二八頁。なお、この史料は筆書きのもので、俗字や誤字は上嶌が改めた。
(20)『日本書紀私記』（『日本書紀私記・釋日本紀・日本逸史』新訂増補　国史大系(8)　吉川弘文館　一九六五年）一四七頁。
(21)『日本書紀私記』（『日本書紀私記・釋日本紀・日本逸史』新訂増補　国史大系(8)　吉川弘文館　一九六五年）一五二頁。
(22)『日本書紀私記』（『日本書紀私記・釋日本紀・日本逸史』新訂増補　国史大系(8)　吉川弘文館　一九六五年）一六〇頁。
(23)『日本書紀私記』（『日本書紀私記・釋日本紀・日本逸史』新訂増補　国史大系(8)　吉川弘文館　一九六五年）一六〇～一六一頁。
(24)『日本書紀私記』（『日本書紀私記・釋日本紀・日本逸史』新訂増補　国史大系(8)　吉川弘文館　一九六五年）一六二頁

(25)『日本書紀私記』(『日本書紀私記・釋日本紀・日本逸史』新訂増補　国史大系(8)　吉川弘文館　一九六五年)一七二頁
(26)『日本書紀私記』(『日本書紀私記・釋日本紀・日本逸史』新訂増補　国史大系(8)　吉川弘文館　一九六五年)一八六頁
(27)『神功皇后』(神功皇后論文刊行会　皇学館大学出版部　一九七二年)九二頁。
(28)『釋日本紀』(神道大系　古典註釋編　神道大系編纂会　一九八六年)二六四頁。なお、史料の2文字の欠字は大永本で補った。
(29)『令』(日本思想大系　新装版『律令』岩波書店　二〇〇一年)二八一頁。
(30)『釋日本紀』(神道大系　古典註釋編　神道大系編纂会　一九八六年)二六七〜二六八頁。
(31)『釋日本紀』(神道大系　古典註釋編　神道大系編纂会　一九八六年)一三五頁。
(32)大永本に従って付け加えた。
(33)『釋日本紀』(神道大系　古典註釋編　神道大系編纂会　一九八六年)二七三頁。
(34)『釋日本紀』(神道大系　古典註釋編　神道大系編纂会　一九八六年)三三一頁。
(35)『日本書紀(三)』(岩波文庫　二〇〇〇年)一一四頁。四四〇〜四四一頁。
(36)『釋日本紀』(神道大系　古典註釋編　神道大系編纂会　一九八六年)七四頁。
(37)『扶桑略記』(新訂増補国史大系[一二]『扶桑略記・帝王編年紀』吉川弘文館　一九四二年)二〇頁。
(38)『水鏡』(岩波文庫　一九八七年)四二頁。
(39)『水鏡』(岩波文庫　一九八七年)四二頁。
(40)『扶桑略記』(新訂増補国史大系[一二]『扶桑略記・帝王編年紀』吉川弘文館　一九四二年)

五頁。
(41)『愚管抄』(日本古典文学大系　岩波書店　一九六七年)一三五頁。一三八頁。一四一頁。
(42)『愚管抄』(日本古典文学大系　岩波書店　一九六七年)一四九頁。
(43)『八幡宮寺巡拝記』(『中世神佛説話』古典文庫第三八　一九五〇年)二〇頁。
(44)三品彰英も「書紀は、神功皇后を天皇に準ずる取り扱いをしている」と指摘している。「神功皇后の系譜と伝承」(『日本書紀研究　第五』一九七一年)四〇頁。
(45)『日本書紀纂疏』(『神道大系　古典註釋編　日本書紀註釋㊥』神道大系編纂会　一九八五年)一五四頁。
(46)『日本書紀聞書』(『神道大系　古典註釋編　日本書紀註釋㊦』神道大系編纂会　一九八八年)二六二頁。
(47)『国語大辞典』(小学館　一九八二年)一六二三頁。
(48)『日葡辞書：VOCABVLARIO DA LINGOA DE IAPAM』(岩波書店　一九六〇年)一〇一頁。
(49)『邦訳　日葡辞書』(岩波書店　一九九五年)一二九頁。
(50)『樵談治要』(『群書類従　第二七輯　雑部』一九八〇年)二〇二～二〇三頁。
(51)『小夜のねさめ』(『群書類従　第二七輯　雑部』一九八〇年)一八三頁。
(52)『八幡愚童訓：甲』(『寺社縁起』日本思想大系　岩波書店　一九七五年)一七〇頁。
(53)『八幡愚童訓：甲』(『寺神縁起』日本思想大系　岩波書店　一九七五年)一七七頁。
(54)『八幡愚童訓：甲』(『寺神縁起』日本思想大系　岩波書店　一九七五年)一七八頁。
(55)『八幡愚童訓：甲』(『寺神縁起』日本思想大系　岩波書店　一九七五年)一九三頁。

(56) 久保田収：「とくに蒙古襲来といふわが国未曽有の危機に際して、皇后の御事蹟を想起し、皇后を護国の神と仰ぐやうになつたものである。中世における神功皇后観の特色は、この点にあるといへよう。」
久保田収「中世における神功皇后観」(『神功皇后』神功皇后論文刊行会　皇学館大学出版部一九七二年)八三頁。

(57) 中野幡能：「このように鎌倉時代に入ると源氏の氏神というだけでなく、武門鎮護の神としての信仰が普及した。とくに、文永・弘安の役に際しては、朝廷・幕府は勿論、一般武人に至るまで武神としての八幡神への信仰はその頂点に達した。」
中野幡能(『八幡信仰』　はなわ新書　塙書房　一九九六年)二〇〇頁。

＊本文史料中の傍線は全て上嶌によるものである。
＊前田晴人はその著書『神功皇后伝説の誕生』(大和書房　一九九八年　三頁)で「神功皇后伝説は、かつての侵略戦争の時期に帝国主義者や、軍国主義者の手で政治的に利用されたため、戦後の古代史学界では十分な研究の蓄積に恵まれていない。」と述べている。さらに本研究の目的とする、中世における女人政治とその思想的背景として、神功皇后を取り上げている先行研究は今のところ見つけていない。神功皇后の研究書及び論文は、本書で用いたもの以外に、次のものなどがある。
＊直木孝次郎「神功皇后伝説の成立」(『日本古代の氏族と天皇』塙書房　一九六四年)。
＊伊藤太文「神功皇后と応神天皇」(『八幡神社研究』叢文社　一九八九年)。
＊志村有弘「神功皇后と住吉大社」(『八幡神社研究』叢文社　一九八九年)。

＊高橋政清編著『神功皇后発掘』（叢文社　一九八七年）。
＊宮地直一『八幡宮の研究』（理想社　一九五六年）。

第三部　「第二の宗廟」と神功皇后

はじめに

天平勝宝元年（七四九）一二月一九日、八幡大神は託宣して京《みやこ》（平城京）に向った。大仏建立の為の鎮守の神として、遥か九州の国東半島の宇佐から八幡神が勧請されたのである。これが、現在も東大寺の南東にある手向山八幡宮である。注目したいのは、この時まだ八幡神は、応神天皇の御霊とされていないことである。

ところが、貞観元年（八五九）僧行教の奏請により、現在の京都府八幡市の男山に宇佐八幡宮から勧請されて石清水八幡として祀られた時には、その祭神は、誉田別命（応神天皇）・息長帯比売命（神功皇后）・比咩大神（この姫神は神武天皇の母、玉依姫とされることもある。）の三人になっていた。

八幡神は何故応神天皇とされたのであろうか。応神天皇でなければならないという必要性がどこにあったのであろうか。この八幡神＝応神天皇という事に、その母が神功皇后であったことが何らかの関係があるのではないか。これ等の疑問を念頭に置きつつ、この一一〇年の間に、祭神が決まって行く過程を史料を通してみていきたい。

そして、宇佐から勧請された石清水八幡宮が「第二の宗廟」と崇敬されるようになることと、神功皇后が祭神の一柱に入っていることは、少なからず関係があると考えられるので、これら様々の事柄をふまえ、考察を進めたい。

第一章　「第二の宗廟」への行程

第一節　新羅に対峙する「神」の希求

八幡神は『続日本紀』からはっきりと現れる。

史料１

夏四月乙巳、遣使於伊勢神宮、大神社、筑紫住吉・八幡二社及香椎宮、奉幣、以告新羅无礼之状。

「天平九年（七三七）

［夏四月乙巳、使を伊勢神宮、大神社、筑紫の住吉・八幡の二社と香椎宮とに遣して、幣を奉りて新羅の礼无き状を告さしむ。］

『続日本紀』(1)

天平九年（七三七）四月一日、

「使いを伊勢神宮、大神社（おおみわのやしろ）、筑紫の住吉社と八幡社と香椎宮に幣を送って、新羅が日本に対して無礼な態度であること告げた。」とある。

これが、国史に於ける八幡神の初出である。新羅の日本に対する無礼を報告するのに、何故この五つの神社が選ばれたのだろうか。

伊勢神宮の天照大神は、太陽神にして天皇家の祖神である。

大神社（おおみわのやしろ）は、今の奈良県桜井市大字三輪にある大神（おおみわ）神社のことであり、祭神は倭大物主櫛瓺玉命《やまとのおおものぬしくしみかたまのみこと》。大和最古の名社とされる。延喜式の神名帳には、「大神大物主神社《おおみわのおおものぬし》」[2]となっている。

また神功皇后摂政前紀に次の様にある。

史料2

秋九月庚午朔己卯、令諸国、集船舶、練兵甲。時軍卒難集。皇后曰、必神心焉、則立大三輪社、以奉刀矛矣。軍衆自聚。

［秋九月の庚午の朔己卯に、諸国に令して、船舶を集へて兵甲を練らふ。時に軍卒集ひ難し。皇后曰はく、「必ず神の心ならむ」とのたまひて、則ち大三輪社を立てて、刀矛を奉りたまふ。軍衆自づからに聚る。］

『日本書紀』[3]

神功皇后が新羅を討とうとした時、この神を勧請して、祈願したところ、軍兵が自然と集まった、と書かれている。大神社は神功皇后の新羅攻めに協力した神だったのである。

筑紫住吉社は、現在の福岡市博多区住吉町に在る神社で、祭神は表筒男・中筒男・底筒男であり、神功皇后の新羅攻めに最も協力した神である。

史料3

於日向國橘小門之水底所居、而水葉稚之出居神、名表筒男・中筒男・底筒男神之有也。

『日本書紀』(4)

[日向国の橘小門の水底に所居て、水葉も稚に居る神、名は表筒男・中筒男・底筒男の神有す」と。

史料4

於是、従軍神表筒男・中筒男・底筒男、三神誨皇后曰、我荒魂、令祭於穴門山田邑也。

『日本書紀』(5)

[是に、軍に従ひし神表筒男・中筒男・底筒男、三の神、皇后に誨へて曰はく、「我が荒魂をば、穴門の山田邑に祭はしめよ」とのたまふ。」

この表筒男・中筒男・底筒男の三神は、神功皇后と合祀され、延喜式の神名帳には「住吉坐神社四座」(6)と書かれており、現在大阪市住吉区住吉町に住吉大社として、全国にある住吉神社の総本社となっている。

八幡社は、現在の大分県宇佐市南宇佐にあり、『続日本紀』が書かれた頃はまだ北九州における一地方神であった。もちろん祭神も、神功皇后の息子である応神天皇とはされていなかったが、新羅の日本に対する無礼を報告するに足る、北九州における有力な地方神であった事は、その後の八幡神の、東大寺大仏造営や道鏡事件への関わりや中央の律令国家への進出ぶりをみれば、容易に想像できる。

最後に香椎宮であるが、『日本書紀』仲哀天皇八年の条に「橿日宮」(7)、と出てくる。また、神功皇后摂政前紀にも「橿日宮」(8)、「橿日浦」(9)等の言葉がでてくるが、この場合は宮殿の様な扱いである。

『続日本紀』では、次の様に書き記されている部分が見られる。

史料5
天平宝字三年（七五九）
八月己亥、遣大宰帥三品船親王於香椎廟、奏応伐新羅之状。
［八月己亥、大宰帥三品船親王を香椎廟に遣して、新羅を伐つべき状を奏せしむ。］『続日本紀』(10)

史料6
天平宝字六年（七六二）

庚寅、遣参議従三位武部卿藤原朝臣巨勢麻呂、散位外従五位下土師宿禰犬養、奉幣于香椎廟。以為征新羅調習軍旅也。

〔庚寅、参議従三位武部卿藤原朝臣巨勢麻呂、散位外従五位下土師宿禰犬養を遣して、幣を香椎廟に奉らしむ。新羅を征めむ為に軍旅を調へ習はしむるを以てなり。〕　『続日本紀』(11)

右の二つの史料中の「香椎廟」は、神社とはなっていないが、既に神功皇后を祭神とする神社と同じ扱いになっている様に思われる。

また、最初の伊勢神宮の祭神、天照大神も神功皇后が、新羅を攻めなびかし帰国した後に、皇后に次の様に伝えている場面がある。

史料7

於是、天照大神誨之曰、我之荒魂、不可近皇后。當居御心廣田國。

〔天照大神、誨へまつりて曰はく、「我が荒魂をば、皇后に近くべからず。当に御心を広田国に居らしむべし」とのたまふ。〕　『日本書紀』(12)

「天照大神が、さとし教えて差し上げ『私の荒ぶる魂を皇后に近づけてはいけない。広田国に居ることにしよう。』とおっしゃった。」という内容だ。何故天照大神が神功皇后に近づかないのかは説明されていないが、それはともかくとして、つまりは、前出の伊勢神宮、大神社、筑紫の住吉社、八幡社、香椎宮の五社は全て、神功皇后と関係が深い事が判明したのである。天平九年（七三七）四月一日に、前出の五社に新羅の無礼を報告した前後から日本と新羅の関係は良好ではなかったようである。そしてそういった不安もあって、神功皇后が、新羅に対峙する人物としてはっきりと位置づけられてきたのではなかろうか。

それに加えて、『日本書紀』の中では一人の人間であった神功皇后が、『日本書紀』成立後、それ程長い期間を置かない間に、だんだん「神」に変貌していく様子も見て取れるように思われるのである。

また、この五社のなかでも、伊勢と香椎にだけ「宮」がついていることも興味深い。伊勢と香椎は他の神社と違う捉え方をされていたと考えられるのではないだろうか。

新羅の無礼の報告は、この後にも見られる。また、無礼だけではなく、彼の国からやって来る移民にも日本が対策を講じていた事も記録に残っている。日本への移住を望んで来る者や、漂着してきた者もいて、その都度、個々の事情に即した適切な対応をしていたようである。

天平九年（七三七）四月に新羅の無礼を前出の五社に報告する前に、既に日本側でも天平九年（七三七）二月に新羅に出兵して征伐を加えるべきだ、という意見が出ていた。その時は中止になった様であるが、その後も何度か新羅への出兵計画があったようである。
また、日本側がいつでも強気であったとは言えず、新羅から攻め込まれるかもしれない、という恐れも持っていたことが、次の史料から窺い知ることができる。

史料8

天平宝字八年（七六四）七月

甲寅、新羅使大奈麻金才伯等九十一人、到着大宰博多津。遣右少弁従五位下紀朝臣牛養・授刀大尉外従五位下粟田朝臣道麻呂等、問其由緒。金才伯等言曰、唐国勅使韓朝彩、自渤海来云、送日本国僧戒融、令達本郷已畢。若平安帰郷者、当有報信。而至于今日、寂無来音。宜差此使、其消息欲奏天子。仍齎執事牒参大宰府。朝彩者、上道在於新羅西津。本国謝恩使蘇判金容、為取大宰報牒寄附朝彩、在京未発。問曰、比来彼国投化百姓言、本国発兵警備。是疑、日本国之来問罪也。其事虚実如何。対曰、唐国擾乱、海賊寔繁。是以徴発甲兵、防守縁辺。乃是国家之設、事既不虚。

［甲寅、新羅使大奈麻金才伯ら九十一人、大宰の博多津に到り着く。右少弁従五位下紀朝臣牛養・授刀大尉外従五位下粟田朝臣道麻呂らを遣して、その由緒を問はしむ。金才伯ら言して曰はく、「唐国の勅使韓朝彩、渤海より来りて云はく、「日本国の僧戒融を送りて本郷に達らしむ

ること已に畢りぬ。若し平けく安けく郷に帰らば、報信有るべし。而るに今日に至るまで寂として来音無し。宜しくこの使を差して、その消息を天子に奏せしめむと欲ふ」といふ。仍て執事の牒を齎ちて大宰府に参る。朝彩は上道して新羅の西津に在り。本国謝恩使蘇判金容、大宰の報牒を取りて朝彩に寄せ附せむが為に、京に在りて発たず」といふ。問ひて曰はく、「此来彼の国の化に投せる百姓言はく、『本国兵を発して警備す。是れ疑はくは、日本国の来りて罪を問ふならむことを』。といふ。その事虚実如何にかあらむ」といふ。対へて曰はく、「唐国擾乱して海賊寔に繁し。是を以て甲兵を徴り発して縁辺を防き守らしむ。乃ち是れ国家の設、事既に虚しからず」といふ。」

『続日本紀』(13)

傍線部のところだが、「近頃、新羅から天皇の徳を慕って来日する百姓が言うには、『本国では兵を出して、警備しています。これはおそらく日本国が攻め込んできて、新羅の罪を問うからです。』と言っている。これは事実だろうか。」と述べて日本側の使いが尋ねたら、「唐の国が混乱しており、海賊が大変おおいのです。それで、武装した兵を集め、警備にあたらせています。これは、国を守るためであって、警備していることは嘘ではありません。」と、新羅側の人間が答えている。日本側も新羅の動向に敏感になっていたようである。

そうして、史料5にあるように天皇は、天平九年（七三七）四月に新羅の無礼を前出の五社に報告してから二十二年後に新羅征討の状を香椎廟に遣わしている。また史料6の、天平宝字六年（七六二）十一月にも、新羅征討の為の軍隊を訓練するという理由で、香椎廟に幣帛を送っている。

日本と新羅の関係は日本が、優位性をかろうじて保ちながらも、少しずつ悪くなって行き、遂には承和九（八四二）年八月の新羅人入国禁止にまですすんで行く。

史料9

承和九年（八四二）八月。

丙子。大宰大貳従四位上藤原朝臣衛上奏四條起請。一曰。新羅朝貢。其來尚矣。而起自聖武皇帝之代。迄于聖朝。不用舊例。常懐奸心。苞茅不貢。寄事商賈。窺國消息。方今民窮食乏。若有不虞。何用防夭。望請。新羅國人。一切禁斷。不入境内。報曰。徳澤泊遠。外蕃歸化。専禁入境。事似不仁。宜比于流來。充粮放還。商賈之輩。飛帆來着。所賷之物。任聴民間令得廻々。了速放却。

〔丙子。大宰大貳従四位上藤原朝臣衛、四條ノ起請ヲ上奏ス、一に曰ク。新羅ノ朝貢、其ノ來ルコト尚シ。而シテ聖武皇帝ノ代自リ起ル。聖朝マデ、舊例を用ヒズ。常ニ奸心ヲ懐キ、苞茅貢ガズ。事ヲ商賈ニ寄セ、国ノ消息ヲ窺フ。方ニ今民窮シ食乏シ。若シ不虞有レバ何ヲ用ヒ夭キ防ガム。望ミ請フラク、新羅国人、一切禁斷シ、境内ニ入レズ。報ヘテ曰ク徳澤遠クニ泊ビ外蕃歸化ス。專ラ入境ヲ禁ズレバ、事不仁ニ似ル。宜シク流來ルヲ比べ粮ヲ充テ放還スベシ、商賈ノ輩ハ飛帆來着セバ、賷ス所ノ物ハ任セテ民間ニ廻々得セシムルヲ聽シ、了ラバ速ニ放却セヨ。」『續日本後紀』(14)

結局は新羅との戦争は、回避され、特に大きな衝突は起こらなかったが、日本は、この不安定な状況をどの様に乗り切ったのであろうか。『日本書紀』に書き記されている、新羅と対峙した勇猛な神功皇后の神威を頼りにしつつ、その都度、政治的な判断をしていたのではないかと推測できるのである。

第二節　八幡神の律令国家中心部への進出

天平勝宝元年（七四九）十一月一九日、八幡大神は京《みやこ》（平城京）に向うと託宣した。大和にいた天皇は、大仏建立の為の鎮守の神として、国東半島の宇佐から八幡神を平城京に勧請することにしたのである。これが、現在も東大寺の南東にある手向山八幡宮である。ここで注目したいのは、この時まだ八幡神は、応神天皇の御霊とされていないことである。

ところが、貞観元年（八五九）、僧行教の奏請により、現在の京都府八幡市の男山に宇佐八幡宮から勧請されて石清水八幡として祀られた時には、その祭神は、誉田別命（応神天皇）・息長帯比売命（神功皇后）・比咩大神の三人になっていた。

この一一〇年の間に、祭神がはっきりと決まり、そして後には、この宇佐から平安京に勧請された石清水八幡宮が「第二の宗廟」と崇敬されるようになる。

こういった八幡神の変化の過程には神功皇后が祭神の一つに入っていることが、少なからず関係があると考える。

まず平城京への八幡神の勧請から見てみることにする。

史料10

天平勝宝元年（七四九）一一月二四日。

甲寅、遣参議従四位上石川朝臣年足・侍従従五位下藤原朝臣魚名等、以為迎神使。路次諸国差発兵士一百人以上、前後駈除。又所歴之国、禁断殺生。其従人供給、不用酒宍。道路清掃、不令汚穢。

［甲寅、参議従四位上石川朝臣年足、侍従従五位下藤原朝臣魚名らを遣して迎神使とす。路次の諸国、兵士一百人以上を差し発して、前後を駆除せしむ。また歴る国、殺生を禁断す。その従人の供給には、酒・宍を用ゐず。道路は清め掃き、汚穢せしめず。］

『続日本紀』(15)

迎神使を遣わし、神の通過する諸国は、兵士百人以上を徴発して、前後を固めさせ妨害を排除させた。神の通過する国では、殺生を禁止し、従者へのもてなしには酒・肉を使用せず、道路は掃き清め汚穢をさせなかった、という。

史料11

天平勝宝元年（七四九）一二月一八日。

戊寅、遣五位十人、散位廿人、六衛府舎人各廿人、迎八幡神於平群郡。是日、入京。即於宮南梨原宮造新殿、以為神宮。請僧卌口、悔過七日。

［戊寅、五位十人、散位廿人、六衛府の舎人各廿人を遣して、八幡神を平群郡に迎へしむ。是の日、京に入る。即ち宮の南の梨原宮に新殿を造り、神宮とす。僧卌口を請し、悔過すること七日なり。］

『続日本紀』[16]

多くの人を遣わして、八幡神をいったん平群郡に迎え、それから梨原宮に新殿を造って神宮とし、僧四十人を招き、悔過を七日間行った。

史料12

天平勝宝元年（七四九）一二月二七日

丁亥、八幡大神の禰宜尼大神朝臣杜女其輿紫色一同乗輿。拝東大寺。天皇・太上天皇・太后、同亦行幸。是日、百官及諸氏人等、咸会於寺。請僧五千、礼仏読経。作大唐・渤海・呉楽、五節田儛・久米儛。因奉大神一品、比咩神二品。左大臣橘宿禰諸兄奉詔、白神曰、天皇我御命尓坐、申賜止申久。去辰年、河内国大県郡乃知識寺尓坐盧舎那仏遠礼奉天、則朕毛欲奉造止思登毛得不為之間尓、豊前国宇佐郡尓坐広幡乃八幡大神尓申賜閇勅久、神我天神地祇乎率伊左奈比天必成奉无。事立不有、銅湯乎水止成、我身遠草木土尓交天障事無久奈佐牟止勅賜奈我良成奴礼波、歓美貴美奈毛念食流。然、猶止事不得為天恐家礼登毛、御冠献事乎恐美恐美毛申賜久止申。尼杜女授従四位下。主神大神朝臣田麻呂外従五位下。

［丁亥、八幡大神の禰宜尼大神朝臣杜女その輿は紫色なり。一ら乗輿に同じ。東大寺を拝む。天皇・太上天皇・太后も同じく亦行幸したまふ。是の日、百官と諸氏の人らと咸く寺に会ふ。僧五千を請して礼仏読経せしむ。大唐・渤海・呉の楽、五節田儛、久米儛を作さしむ。因て大神に一品を奉る。比咩神には二品。左大臣橘宿禰諸兄、詔を奉けたまはりて神に白して曰はく、「天皇が御命に坐せ、申し賜ふと申さく。去にし辰年河内国大県郡の知識寺に坐す盧舎那仏を礼み奉りて、則ち朕も造り奉らむと思へども、え為さざりし間に、豊前国宇佐郡に坐す広幡の八幡大神に申し賜へ、勅りたまはく、「神我天神・地祇を率ゐいざなひて必ず成し奉らむ。事立つに有らず、銅の湯を水と成し、我が身を草木土に交へて障る事無くなさむ」と勅り賜ひながら成りぬれば、歓しみ貴みなも念ひたまふる。然れば、猶止む事を得ずして、恐けれども、御冠献る事を恐みも恐みも申し賜はくと申す」とのたまふ。尼杜女に従四位下を授く。主神大

神朝臣田麻呂に外従五位下。」『続日本紀[17]』

八幡神の禰宜の尼の杜女は、天皇の乗物と同じ紫色の輿[18]に乗り、東大寺に参拝した。天皇（孝謙）・太上天皇（聖武）・皇太后（光明子）も同じく行幸したとある。百官と諸氏も東大寺に集まり、僧五千人に礼仏読経させ、舞いや音曲を上演させ、大神に一品・比咩神には二品を贈った。左大臣橘諸兄は孝謙天皇の詔を次の様に「聖武天皇の御命として申しあげますと（天皇が）おっしゃるには、去る辰年（天平一二年）河内国大県郡の知識寺にある盧舎那仏を自分もお造りしようと思ったが、出来ないうちに、豊前国宇佐郡におられる八幡大神が『私八幡大神は、天神・地祇を誘って必ず造仏を成就させせよう。それはたいした事ではなく、銅の湯を水とし、支障なく無事に終えさせせよう』と仰せになられたので、喜び、貴い事と（天皇が）お思いになられ、その気持ちが、まだ続きますので、恐れながら、冠位を献上しようと思いますので、そう申し上げます。」と大神に申し上げた。

九州の一有力神の勧請にしては、破格の待遇であったと考えられ、また、盧舎那仏建立に懸ける天皇（孝謙）・太上天皇（聖武）・皇太后（光明子）の並々ならない意気込みも感じられる、壮大な神の移動である。

その後、天平勝宝四年（七五二）東大寺の盧舎那仏は無事完成し、夏四月九日、盛大な開眼供養が行われた。

本来なら八幡神の役割はこれで終わったはずなのである。ところが、ある事件が起り、それが益々八幡神を重要な神に移行させて行くことになるのである。それが、僧道鏡が称徳天皇の寵愛を後ろ盾として、天皇の位を得ようとした、「宇佐八幡神託事件」である。(19)

史料13

神護景雲三年（七六九）九月二五日

初大宰主神習宜阿曾麻呂、希旨媚事道鏡。因矯八幡神教言、令道鏡即皇位、天下太平。道鏡聞之、深喜自負。天皇召清麿於牀下、勅曰、昨夜夢、八幡神使来云、大神為令奉事、請尼法均。宜汝清麿相代而往聴彼神命。臨発、道鏡語清麻呂曰、大神所以請使者、蓋為告我即位之事。因重募以官爵。清麻呂行詣神宮、大神託宣曰、我国家開闢以来、君臣定矣。以臣為君、未之有也。天之日嗣必立皇緒。无道之人宜早掃除。清麻呂来帰、奏如神教。於是、道鏡大怒、解清麿本官、出為因幡員外介。未之任所、尋有詔、除名配於大隅。其姉法均還俗配於備後。

［初め大宰主神習宜阿曾麻呂、旨を希ひて道鏡に媚び事ふ。因て八幡神の教と矯りて言はく、

「道鏡をして皇位に即かしめば、天下太平ならむ」といふ。道鏡これを聞きて、深く喜びて自負す。天皇、清麿を牀下に召して、勅して曰はく、「昨夜の夢に、八幡神の使来りて云はく、『大神、事を奉けたまはらしめむとして、尼法均を請ふ』といふ。汝清麿相代りて往きて、彼の神の命を聴くべし」とのたまふ。発つに臨みて、道鏡、清麻呂に語りて曰はく、「大神、使を請ふ所以は、蓋し我が即位の事を告げむが為ならむ。因て重く募るに官爵を以てせむ」といふ。清麻呂行きて神宮に詣づるに、大神託宣して曰はく、「我が国家開闢けてより以来、君臣定りぬ。臣を以て君とすることは、未だ有らず。天の日嗣は必ず皇緒を立てよ。无道の人は早に掃ひ除くべし」とのたまふ。清麻呂来帰りて、奏すること神の教の如し。是に道鏡大きに怒りて、清麿が本官を解きて、出して因幡員外介とす。未だ任所に之かぬに、尋ぎて詔有りて、除名して大隅に配す。その姉法均は還俗せしめて備後に配す。」『続日本紀』[20]

太宰主神《だざいのかんづかさ》の習宜阿曾麻呂が、道鏡に取り入ろうと図り、宇佐八幡神の御告げであると偽って「道鏡を皇位につければ天下は太平になるであろう」と言った。天皇は、清麻呂を招き「夢に八幡神の使いが来て『大神は天皇に奏上する事があるので、尼僧法均を遣わすことを願っている。』と言ったので、姉法均に代わりその神託を聞いて来るように。」とおっしゃった。道鏡は「大神が使いを請うのは思うに私の即位の事を告げるためであろう。」と言い、清麻呂に吉報と引き換えに昇格を匂わせたが、清麻呂は、「我が国は開闢以来君臣の関係は定まっている。臣下が君主となることは未だかつて無かった。皇位には必ず皇統の人を立てよ。無道の人は早く掃い除けよ。」という八幡神の神託を持ち帰り、道鏡の怒りを買い、姉共々配流された。

こうして、道鏡の皇位簒奪は失敗に終わったのである。しかし、何故皇祖である伊勢神宮ではなく宇佐八幡に神託を確かめにいったのであろうか。八幡神が、東大寺の盧舎那仏完成の功績で、一定の信望があった為だったからかもしれない。もしこの時、清麻呂が道鏡の甘言につられていたなら、八幡神の神託が道鏡の思惑通りのものであったなら、皇統の危機になるところであった。

ともかく、この事件で、男女に関わらず、「皇位には必ず皇統の人を立てよ」という神威による「天皇の条件」が決定した。これは八幡神の天皇家に対する最大の功績であった様に思われる。この「宇佐八幡神託事件」は、現代まで天皇という存在が、同じ血統で続くことができたひとつのメルクマールと言えるのではないだろうか。

しかし、熟考すれば、この八幡神の功績は、天皇家にとって危険と表裏一体のものである。宇佐八幡宮が皇位の授与にも剥奪にも関われる様になったという事を表しているからである。八幡神には、新羅の無礼を告げたり（七三七年）、藤原広嗣の乱（七四〇年）に対する祈請を行っていたりしたが、乱の起こった場所が北九州であった事が、最大の理由であって、大仏建立の鎮守の神として宇佐の八幡神が選ばれたのは熟慮の上であったと考えられる。

前出の『続日本紀』にもあり、史料14の『東大寺要録』に記述されている様に、もともとは、盧舎那仏建造の為の鎮守が、宇佐の八幡神が大和に勧請された最大の理由であった。

史料14

右兵衛督藤原朝臣爲勅使奉勸請八幡大神以爲鎭守由之大佛鎔鑄之功畢

[右兵衛督藤原朝臣ヲ勅使ト爲シ、八幡大神ヲ勸請シ奉リ、以テ鎭守ト爲シ、之由リ大佛鎔鑄ノ功畢ヌ]

『東大寺要録』[21]

ともかく、東大寺の巨大な盧舎那仏の開眼を無事終え、その製造を守護した神としてその神威を認知されていたとしても、まだこの時期八幡神の祭神は応神天皇でも神功皇后でもなく、その形態は北九州の一有力神社に過ぎなかった。よって、天皇家側には、宇佐八幡宮を監視する必要性も発生して来たと考えられるのである。

そもそも八幡神はどの様な神だったのであろうか。宮地直一[22]・中野幡能[23]・逵日出典[24]氏等の先行研究をまとめると次の二つになる。

①八幡神は、渡来人系である辛島氏のシャーマニズム的信仰と、地元の豪族宇佐氏の

神体山信仰の混合した神であったと考えられ、さらに北九州という地理的側面から、いち早く仏教の要素が取り入れられていた（原始八幡信仰）。

また、八幡宮祭祀家として大神《おおみわ》（九州ではオオガ）氏が宇佐に入った時期は、六世紀末であり、その実権は八世紀半ば過ぎまで続いた。（逵氏説）

②渡来系の集団は、採銅・造寺・造瓦などの高い技術を持っていた。

この様に渡来人系である辛島氏や、地元の豪族宇佐氏の影響の大きい八幡神の力が、皇統を左右するにまで高まって来ていたとすれば、大和にある天皇を中心とした律令国家にとっては、大きな脅威となる事は想像に難くない。よって、この八幡神を確実に律令国家側、より厳密に言えば天皇家側の神にしておく必要性が出てくるのである。

第三節　神功皇后と香椎廟

和銅五年（七一二）一月二八日『古事記』が完成した。天武天皇が企画し、元明天皇が和銅四年に太安万呂に詔し、稗田阿礼と共に帝紀・旧辞を採録した、全三巻の歴史物語である。正式に国史として編纂された『日本書紀』の内容とは異なっている部分も多いが、この中に神功皇后の新羅攻めの物語が既に記されていることから、神功皇后の物語は『古事記』よりも古くから存在していたと考えられる。

さらに、養老四年（七二〇）五月二一日、舎人親王らが勅命を受けて撰修していた『日本書紀』が完成する。『日本書紀』では、神功紀として、より詳しく内容も濃くなっている。ちなみに神功皇后の記事は夫である仲哀天皇の三倍以上の分量で、さらに息子の応神天皇と比較しても一倍半以上多くなっている。

以上のことから、神功皇后の物語とその崇敬は少なくとも七一二年以前からあったことが確認できる。

『日本書紀』のなかでは、まだ、「香椎廟」という形ではなく、『日本書紀』仲哀天皇八年の条に「橿日宮」、また、神功皇后摂政前紀にも「橿日宮」と出ており、その扱いも宮殿に等しいもので、神の社《やしろ》という形ではない。

文献史料にみえる香椎廟の初見は、『万葉集』巻六に所収されている、大宰府の官人らが香椎廟に参拝し、歌を三首詠んだ折の解説の部分に出てくる。

史料15
神亀五（七二八）年
冬十一月、大宰の官人等、香椎の廟を拝み奉り訖へて退り帰りし時、馬を香椎の

浦に駐めて、各懐を述べて作れる歌　『万葉集』(25)

この史料では、香椎は明らかに「廟」と書かれており、「拝み奉り訖へて」となっている事から、神の居ます社《やしろ》であるのは間違いない。

また、大伴旅人が天平元年（七二九）一一月八日に筑紫に帰る大伴百代にことづけた歌や、山上憶良の天平二年（七三〇）七月一〇日に詠んだ歌が万葉集に収録されているが、その中にも神功皇后のことが、出てくる。

史料16

筑前國怡土郡深江村の子負原、海臨める丘の上に二つの石あり。大きなるは長さ一尺二寸六分、圍《めぐり》一尺八寸六分、重さ十八斤五兩、小きは長さ一尺一寸、圍《めぐり》一尺八寸、重さ十六斤十兩、幷に皆楕圓にして、狀《かたち》鶏子《とりのこ》のごとし。その美好しきこと論《あげつら》ふに勝《た》ふべからず。所謂徑尺の璧《たま》是なり。或云、二つのいしは肥前國彼杵郡平の石、占に當りて之を取れりといふ　深江の驛家《うまや》を去ること二十許里、近く路の頭《ほとり》に在り。公私の往來に、馬より下りて跪拜《をろま》まずといふことなし。古老相傳へて曰く往者《いにしへ》、息長足日女命《おきながたらしひめのみこと》、新羅國を征討《ことむ》けましし時、この兩つの石を用ちて、御袖の中に插み著《つ》けて、以ちて鎭懐としたまひき。實にはこれ御裳の中なり　所以、行く人この石を敬ひ拜《をろが》むといへり。乃ち歌を作りて曰く、

八一三　かけまくは　あやに畏し　帯比賣《たらしひめ》　神の命　韓國を　向け平げて　御心を鎭めたまふと　い取らして　齋《いは》ひたまひし　眞玉《またま》なす　二つの石を　世の人に示したまひて　萬代に　言ひ繼ぐがねと　海の底　沖つ深江の　海上《わた》の子負《こふ》の原に　み手づから　置かしたまひて　神《かむ》ながら　神さびいます　奇魂《くしみたま》今の現《をつつ》に尊きろかも

八一四　天地のともに久しく言ひ繼げとこの奇魂しかしけらしも

右の事傳へ言へるは、那珂郡伊知郷蓑島の人建部牛麻呂なり。『万葉集』(26)

史料17

八六九　足比賣《たらしひめ》神の命《みこと》魚釣《なつ》らすと　御立《みた》たしせりし石を誰《たれ》見き　一云、あゆつると　『万葉集』(27)

史料中の「息長足日女命《おきながたらしひめのみこと》」、「帯比賣《たらしひめ》」、「足比賣《たらしひめ》」は全て神功皇后の事である。つまり、『古事記』成立から一七年、『日本書紀』完成から九年経っているが、書写したものもそんなに無かったであろうこの時代に少なくとも大伴旅人と山上憶良は神功皇后の物語を熟知していたとみられる。

そもそも「廟」とはなんであろうか。『国語大辞典』によると、

①死者の霊を安置する堂。また、皇族など高貴な人の霊をまつった殿堂。たまや。霊

廟。宗廟。
②神社。やしろ。ほこら。
③王宮の正殿。王宮の前殿で政治を行うところ。朝廷。(28)
となっている。香椎が「廟」と言われている頃には仲哀天皇も、神功皇后もいなかったのであるから、香椎の場合は①番のなかの「皇族など高貴な人の霊をまつった殿堂」が最も適しているのではなかろうか。さらに、前出の幾つかの史料を見ても、香椎の崇敬は神功皇后に対してのものであったと考えられるのである。

香椎宮（廟）の創建は『香椎宮編年記』（撰者は大中臣朝臣重国。延長年間［九二三〜九三一年］以前までの記録がある）のなかの「香椎廟建立縁起」に養老七年（七二三）とある。

史料18

養老七年（七二三）

二月六日　大宰府、香椎に神廟を造営し、聖母大菩薩を崇奉すべき由の託宣を奏す。

養老七年二月六日。大菩薩託宣アツテ曰ク。昔年我足仲彦天皇ノ神明ヲ安置スル香椎ノ古宮ノ許リニ於テ、三種ノ重器ヲ埋。其上ニ植ルニ、鎧ノ袖ニ挿ル杉ヲ以シテ誓テ曰ク。當来、此ニ垂跡シテ盡未来際マテニ、敵國ヲ降服シ、本朝ヲ鎮護スヘシト。此故ニ今香椎ニ示現シ、天宝劔ヲ降シ、地霊鉾ヲ捧リ。方ニ神廟ヲ造営シテ聖母大菩薩ト崇奉ス可シト也。

仍、コレヲ大宰府ヨリ朝廷ニ奏シ、即時ニ詔テ課役ヲ九州ニ出シテ大廟ヲ建ツ。神亀元年（七二四）冬十二月廿日。本宮マツ成レリ。具ニ事跡ニ見ヘタリ。哿襲聖母大菩薩ト唱ヘ奉レリ。殿ハ南面スラク、朝廷尊崇ハ、當廟ヲ伊勢大神宮ニ續リ。宇佐ハ此ニ準セリ。勅使浥涾《しきなみ》降シ御位ヲヨビ国家ノコト小大トナク幣ヲ奉シテ告玉ヘリ。又三年ニ一回、神殿ヲ新ニス。詔曰。西海ヲ巡視シ、九州ノ諸府ヲ領スル者ハ、先ツ當廟ニ詣ジ了ツテ其地本ニ就ヘシトナン。(29)

この『香椎宮編年記』の史料としての信憑性は疑問視されるかもしれない。しかし、塚口義信氏は、『八幡宇佐宮御託宣集』に「香椎宮　聖武天皇元年。神龜元年甲子。造営。」とあることや(30)『八幡愚童訓』（群書類従本）に、「異国蜂起ノ時ハ先此山陵ニ官幣ヲ奉、祈申サセ給シナリ。則是当宮には東御前大多羅志女の御事也。神亀元年ニ筑前国若楫山ニ香椎宮ヲ造テ、聖母大菩薩ト崇ラレ給ヘリ。(31)」とあること、さらにこれらの史料が中世の物であることを踏まえた上で、次の様に述べている。

「もしも、古くから存在していたとするならば、わざわざ新しい時代に造営したと自己の縁起を書きかえる必要性が、どこにあるのだろうか。むしろ新しい時期に造営された神社でも古くそしてまた由緒深く見せかけたいのが、世の常ではあるまいか。しかるに香椎宮は『記紀』の神功皇后伝説の中に、すでに見えているのである。したがって古い時期にもっていこうと思えば、必ずしも不可能なことではない。それを敢えて行わなかったのはなぜか。それは神亀元年説の拠りどころとなった史料が、そうした作為や異伝の存在を許容しないほどの、よほど権威ある所伝であったからにほかならない。(32)」そして、塚口氏は神亀元年（七二四）説は信頼できるとしている。

この塚口義信氏の推察は核心を突いていると思われる。よって、先の史料『香椎宮編年記』に所収されている「香椎廟建立縁起」を読んでゆくと注目に値する点が以下の三点となった。

①香椎廟造営は、太宰府の主導であること。つまり、香椎宮は大和の律令国家側の神であることが確定した。

②祭神をはっきり神功皇后にしたこと。そしてそれにより、神功皇后の『日本書紀』に記述されている功績にのっとって、対外敵の色濃い神になった。

③朝廷の尊崇を、伊勢・香椎・宇佐の順にした。宇佐八幡（まだこの頃は大和の朝廷にとっては一地方神）よりも、香椎宮の方が神功皇后の御魂を祀ってあるので格上の

立場にした。

　ここで、③に見られるように、香椎の方が宇佐八幡より格上であることを明確にしているのは、非常に計画的である。遠く大和から離れた場所に鎮座する地方の一有力神八幡神の神威は、大和の律令国家の監視下に置く必要があり、その為に同じ北九州にあった香椎の神功皇后の崇敬に焦点が当たったのは自明の事と言えよう。香椎の力で八幡神の台頭を制御していたと言ってもいいのではないだろうか。『日本書紀』には、ヤマトタケルノミコトやスサノオノミコト、また神武天皇といった人物が登場する。しかし、それらの人物についてよりも、多くの人々が神功皇后譚を熟知していて、神功皇后への崇敬の念を持っていた、と考えられるのである。

第二章　八幡神の神格の決定

第一節　宇佐八幡への神功皇后合祀の意義

弘仁十一年（八二〇）某月、宇佐宮に大帯姫三殿造立の託宣があった。この託宣により、香椎廟（宮）に在った、神功皇后の御魂を宇佐に合祀する事業が進められていくことになる。

史料19

勘注云、三殿神功皇后御霊大帯姫、依弘仁十一年御託宣、同十四年奉造社矣天平五年以後九十年

［勘注云、三殿神功皇后御霊大帯姫、弘仁十一年（八二一）ノ御託宣ニ依リ、同十四年社ヲ造リ奉ル。天平五年以後九十年］

『宇佐宮式年造営記』益永文書(33)

史料20

・三御殿

　人皇第十五代神功皇后御靈也、

・嵯峨天皇御宇弘仁年中、有託宣、示現大帯姫者皇后之靈誕也、

〔嵯峨天皇御宇弘仁年中、託宣有リ、現テ大帯姫ハ皇后ノ靈誕ヲ示ス也。〕

『八幡宇佐宮御託宣集』[34]

史料21

嵯峨天皇弘仁十一年、神功皇后靈降託曰、我是大帯姫也、與八幡大神、可利蒼生、

〔嵯峨天皇弘仁十一年（八二〇）、神功皇后ノ靈託ニ曰、我是大帯姫也、八幡大神ト蒼生ヲ利スベシ〕

『太宰管内志』[35]

この同じ年の、弘仁十一年（八二〇）二月に、遠江・駿河の新羅人が反乱するという事件が起っている。詳細は以下の史料の通りである。

史料22

丙戌。配遠江駿河兩國新羅人七百人反叛。煞人民。焼屋舍。二国發兵。撃之不能勝。盜伊豆國穀。乘船入海。發相摸武藏等七國軍。勠力追討。咸伏其辜。

〔丙戌。遠江駿河兩國ニ配シタ新羅人七百人反叛シ人民ヲ煞《コロ》シ、屋舍ヲ焼ク。

二国兵ヲ発シ之ヲ撃スモ勝ツコト能ワズ。伊豆國ノ穀ヲ盗ミ、船ニ乗リ海ニ入ル。相摸武藏等七國軍ヲ發シ、力ヲ勠《アハセ》追討ス。咸辜《ミナツミ》ニ伏ス。」『日本紀略』(36)

遠江・駿河に土地を与え、受け入れていた新羅人の移民七百人が、反乱を起こし、土地の民を殺害し、家々を焼き払った。遠江・駿河の二国は派兵して反撃したが、制圧することが出来なかった。さらに反乱者たちは、伊豆の国の穀物を盗んで、船に乗って海上に逃亡したが、相模・武蔵等の七国の合同軍が兵力を糾合して追討した結果、全員が投降した、とある。

香椎の神功皇后霊が、この年突然宇佐の第三殿として自らを合祀することを託宣して来たのは、この様な新羅に纏わる事件が有ったことも全く無関係であると言えないのではないだろうか。

またこの事件より遡る事七年前の弘仁四年、新羅人が肥前国の小島に着き、島民を襲撃する事件もおこっている。

史料23

弘仁四年(八一三)三月

三月辛未。大宰府言。肥前國司今月四日解稱。基肆團校尉貞弓等去二月九日解稱。新羅人一百十人駕五艘船。著小近嶋。與土民相戰。卽打煞九人。捕獲一百一人。

［三月辛未。大宰府言フ。肥前國司今月四日解ニ稱ク。基團ヲ肆ネ校尉貞弓ラ去ル二月九日解ニ稱ク。新羅人一百十人五艘船ニ駕シ、小近嶋ニ著シ、土民ト相戰フ。卽チ九人ヲ打チ煞《コロ》シ、一百一人ヲ捕獲テヘリ。］

『日本紀略』(37)

新羅については、これ以上立ち入らないことにするが、この頃、新羅と日本の関係は史料を見る限りあまり良くなかったと思われ、その為にも早急に神功皇后の御魂を北九州の守りの要として確固たるものにしておく必要があったと考えられる。そして、もうひとつの有力神、宇佐八幡に香椎の神功皇后を合祀し、宇佐八幡神を確実に大和の律令国家側の重要な神として取り込んでおく必要があった、と推測出来るのである。この二つの社の接近は、次の史料を見ても分かるように、大和の律令制国家によって、筑前国に置かれた地方官庁である大宰府が中心となって行われて来たものである。

史料24

嵯峨天皇　弘仁十二年（八二一）八月

戊寅。以大神宇佐二氏爲八幡大菩薩宮司。

［戊寅。大神宇佐二氏ヲ以テ、八幡大菩薩宮司と爲す］

『日本紀略』(38)

前出史料21の『太宰管内志』では、八幡大神と書かれていたのが、八幡大菩薩に変わっており、また、宮司の順も大神（おおみわ、九州ではおおが）氏が宇佐氏より先になっている。大神氏は大和の三輪山の大神（おおみわ）神社を管掌する大和国磯城地方の有力豪族である。一方、宇佐氏は一地方の豪族であり、大宰府としては、宇佐氏は大神氏の下位に置いておかねばならなかったのであろうことは、容易に想像出来る。

史料25

・第三御殿
嵯峨天皇御宇、弘仁十一年神託、同十四年官符云、大宰府弘仁十四年癸卯四月十四日符偁、可新造八幡大菩薩宮大帯姫細殿一宇、料物封稲穀百五十石三斗九升四合、國解偁、宮司移偁、件細殿修理須准大菩薩幷比咩御神細殿、言上同造作、而漏先支度帳不言上、仍更支度申送如件者、國宜承知者、今總爲三所供奉如件、已上、

［第三御殿
嵯峨天皇御宇、弘仁十一年（八二〇）神託、同十四年官符ニ云ク、大宰府弘仁十四年（八二三）癸卯四月十四日符ヲ偁シ、新ニ八幡大菩薩宮大帯姫細殿一宇ヲ造ス可シ、料物稲穀百五十石三

斗九升四合ヲ封ズ、國解ヲ偁シ、宮司移テ偁シ、件ノ細殿修理須ク大菩薩幷比咩御神細殿ニ准ジ。言上同ク造作シ、而シテ先ズ支度帳ヲ漏シ言上セズ、仍テ更ニ支度ヲ申送ル件ノ如ハ、國宜シク承知スベシテヘリ、今總ジテ三所ト爲シ供奉件ノ如シ、已上、」

『八幡宇佐宮御託宣集』(39)

弘仁十四年(八二三)、宇佐に大帯姫細殿を造設した。これは大宰府からの要請で、史料によると、その費用も大宰府が出している。そして、細殿は八幡大菩薩宮と比咩神の物になぞらえて造る様に大宰府は細かく指示している。こうして大宰府、しいては大和の律令国家の主導のもと、大帯姫(神功皇后)は宇佐に合祀された。

現在まで続く宇佐八幡宮、そして、それが勧請されたものであるところの石清水八幡宮の三神が完全に決定したのである。

第二節　八幡神が応神天皇に確立した時点

これまで、神功皇后と宇佐八幡神が近接して行く過程を見てきたが、八幡神が応神天皇と決定された経過については見てこなかったので、ここで、勘案してみようと思う。

村田正志氏による、『神道大系　石清水』の解題の部分に次の様な一文が載っている。

［さて八幡大菩薩が応神天皇であると解せらるべき確実なる最古の文献としては、次に記す『東大寺要録』巻四に所載の弘仁十二年（八二一）八月十五日の太政官符と云われている。

太□《政》□《官》符　大宰府

　應令大神・宇佐氏（脱アルカ）八幡大菩薩宮事、

右得大宰府解偁、検案内府去弘仁六年十二月十日解偁、得神主八位下大神朝臣清麿解状偁、件大菩薩是亦太上天皇御靈也、即磯機嶋《金明天皇也、》金刺宮御宇天國排開廣庭天皇御世、於豊前國宇佐郡馬城嶺始現坐也、爾時大神朝臣比義、以歳次戊子《欽明廿九年》始建鷹居瀬社、而奉祝孫夕《經多年》字、更改移建菱形小椋山社、即供其祝、（中略）右大臣宣、奉勅依請立爲恒例、

　弘仁十二年八月十五日　　格外

即ち弘仁六年（八一五）十二月十日宇佐宮上申の解に依れば、神主大神清麿の解に、件の大菩薩即ち八幡神はこれ亦太上天皇の御霊であるというのである。ところでこの太上天皇は、後述する諸例証にしたがえば、確かに応神天皇に該当するが、弘仁六年

の当時、応神天皇を太上天皇と称していたかどうか理解に苦しまざるを得ない。或は胎中天皇の誤解と認むべきであろうか。[40]」

右の様に、村田氏はこの太上天皇＝応神天皇と看做すことに疑問を呈している。太上天皇は胎中天皇の誤解ではないだろうか、といっている。

また、飯沼賢司氏は、この太上天皇は、聖武天皇を表すのではないか、として氏の著書『八幡神とはなにか』において、次の様に述べている。

「弘仁十二年（八二一）八月十五日の官符に引用された弘仁六年（八一五）十二月十日の大宰府解では、「大菩薩是亦太上天皇御靈也」という記述が見られる。大菩薩は、後に応神天皇霊となるが、九世紀初頭には、「太上天皇御霊」とみられていた。

ここで言う「太上天皇御霊」は、代々の「天皇霊」だという見方もあるが、その場合、『続日本紀』天平勝宝元年四月一日条に見えるように「天皇御霊」と記載するのが一般である。そこで、平安期初頭の「太上天皇御霊」とは特定の人物を指していた可能性が高い。弘仁六年の官符と同時代史料である『日本霊異記』では、「聖武太上天皇」「勝宝応真聖武太上天皇」など太上天皇の例は、すべて聖武に限定される。[41]」

また同じ『八幡神とはなにか』の第三章でも次のように指摘している。

「奈良時代から平安初頭に書かれた文書や記録などでは、八幡神は「豊前国宇佐郡に坐す広幡の八幡大神」「八幡大菩薩」とは書かれるが、八幡神を応神天皇霊であるとすることを証明する史料はない。ただ、漠然とした天皇霊との関係を意識していたことは、七四九年(天平勝宝元)十二月の段階で、皇族にしか与えない「一品」という品位をもって八幡神を遇したことからも推測される。[42]」

つまり、飯沼氏は、八幡神が東大寺の盧舎那仏建立の鎮護のために、宇佐から勧請された時はまだ、八幡神は「漠然とした天皇霊との関係」が予測される神であって、また、後の文献である『東大寺要録』巻四に所載されている「太上天皇」は聖武天皇の事である、とするのである。

確かに前出の『東大寺要録』巻四に記載されている「太上天皇」には違和感がある。なぜなら、「太上天皇」の直後に欽明天皇の事を「磯機嶋金刺宮御宇天國排開廣庭天皇」と記述するなら、この「太上天皇」も、もし、応神天皇ならばはっきりと「誉田天皇」と記述するべきであるからだ。やはり、前出の村田正志氏も疑問視している様に、この「太上天皇」は、八幡神＝応神天皇の初出とはいえないのではないだろうか。

では、八幡神＝応神天皇とされたのはいつか。それについては次の史料を見てもらいたい。

史料26

定大神朝臣・宇佐公兩氏任大少宮司以辛嶋勝氏爲祝禰宜、
右大御神者、是品太天皇御靈也、磯城嶋金刺宮御宇天國排開廣庭天皇欽明天皇也、
御世、於豊前國宇佐郡御許山馬城嶺、（中略）嵯峨天皇弘仁十一年十月八日符偁、
大菩薩并比咩神御装束、限四箇年、改換之、大帯姫御装束雖承前漏、不可不行、
府今且行之、同十四年四月十四日符偁、所新造八幡大菩薩宮大帯姫細殿一宇、（後
略）依今年四月十一日狀據勘官府并古記所申上如件、

承和十一年六月十七日（後略）

［大神朝臣・宇佐公兩氏ヲ定テ大少宮司ニ任ジ辛嶋勝氏ヲ以テ祝禰宜ト爲ス
右大御神《菩薩》は、是れ品太天皇御靈なり、磯城嶋金刺宮御宇天國排開廣庭天皇（欽明天皇ナリ）の
御世、豊前國宇佐郡御許山馬城嶺に於て、（中略）嵯峨天皇弘仁十一年（八二〇）十月八日符
偁ス、大菩薩并比咩神ノ御装束ハ、四箇年ヲ限リテ、之ヲ改換ス、大帯姫ノ御装束ハ承前ニ漏
レタリト雖モ行ハズンバアル可カラズ、府今且ツ之ヲ行フ、同十四年（八二三）四月十四日符
偁ス、新造スル所ノ八幡大菩薩ノ宮ノ大帯姫ノ細殿一宇、（後略）今年四月十一日ノ狀ニ依テ、
據官府并ニ古記ヲ勘ヘテ申上ル所件ノ如シ、

承和十一年（八四四）六月十七日（後略）］

『宇佐八幡宮彌勒寺建立縁起』(43)

これは、承和十一年（八四四）の記録であるが、弘仁十一年（八二〇）の託宣通り、

弘仁十四年（八二三）に宇佐八幡宮に大帯姫（神功皇后）を合祀したことが書かれている(44)。この時、はっきりと、八幡神が品太天皇（誉田天皇）である、つまり、応神天皇の御霊であることが分かるのである。

思うに、前出の『東大寺要録』巻四に所載の「太上天皇」が、応神天皇＝八幡神の初出ではなく、この神功皇后が宇佐八幡に合祀された時が、八幡神が応神天皇になった瞬間ではないか。

またこの『東大寺要録』の「太上天皇」が応神天皇であるとするならば、書写段階で「品太天皇」を「太上天皇」と写し間違えたのではないかと考える。この応神天皇が、「誉田天皇」と呼ばれる様になった所以も、『日本書紀』に、既に応神天皇は産まれた時から「宍生腕上。其形如鞆。是肖皇太后為雄装之負鞆。（略）故稱其名、謂譽田天皇。：宍《しし》、腕《ただむき》の上《うへ》に生《お》ひたり。其の形、鞆《ほむた》の如し。是《これ》、皇太后の雄《をを》しき装《よそひ》したまひて鞆《ほむた》を負《は》きたまへるに肖《あ》えたまへり。（略）、故《かれ》其の名《みな》を称《たた》へて、誉田天皇《ほむたのすめらみこと》と謂《まう》す(45)。」と、その母神功皇后の姿に似ていることからである。

『日本書紀』等の神功皇后譚に見られるように勇猛な神功皇后の息子だったから、応神天皇は八幡神として崇敬されたのだと考えられる。宇佐に神功皇后が合祀された時、既にあった比咩神が、神功皇后とされなかったのは、おそらく神功皇后が応神天皇の母であったからであろう。大和に宇佐の八幡神が東大寺の盧舎那仏建立の為に勧請されたとき、八幡神が一品を、比咩神が二品を与えられていた為、母である神功皇后を息子の応神天皇より下位にするわけにはいかない。

つまり、宇佐八幡に対する崇敬は、八幡神である応神天皇ではなく、その母である神功皇后が実体であり、息子応神天皇は、付随的な存在に過ぎないと考えられるのである(46)。

また、神功皇后が祭神であった香椎が、「廟」として、既に奈良時代から特別な社として崇敬を受けていたことが、後に神功皇后を合祀した八幡神が「第二の宗廟」と変化して行く契機となったのではないかと推測できるのである。

第三章　石清水八幡宮への勧請

第一節　「第二の宗廟」への移徒

貞観元年（八五九）四月、大安寺の僧行教は、宇佐宮に到着した。行教は、天安二年（八五八）十月頃に、文徳天皇と太政大臣藤原良房の娘明子（染殿后）の間に生まれた惟仁親王の即位成就を祈るため、大僧都真雅の推薦で宇佐八幡宮に派遣される事になっていたが、同年十一月無事惟仁親王が、清和天皇になり、翌年貞観元年三月に、幼少の天皇の為に宇佐での祈誓の宣旨を蒙り、ひと夏九旬祈修を行い、その折神託を得たという。

史料27

行教和尚貞觀元年己卯四月十五日辛□參着宇佐宮、轉讀大乘經、念持眞言、奉廻向三所大菩薩、九旬已畢、欲歸本都之間、七月十五日戊辰夜示現云、吾感汝善（ママ）、不可忘、近都移坐、鎭護國家、同月廿日癸酉京上、八月廿三日丙午到來山埼離宮邊、同廿五日夜戊申示宣、可移坐處、石清水男山峯也、和尚驚奇、夜中向南、奉禮大菩薩之間、山城國巽方山頂、和光垂瑞、宛如月星光、錄件事之由、奏聞公家、九月十九日辛未下勅使令實檢、卽以木工寮權允橘良基令造立六宇寶殿三宇正殿、三宇拜殿、奉安置三所御躰畢、同十一月十八日己巳和尚依召參候公家、卽仰云、未經奏聞、所示現之夢其相、自男山之峯立登紫雲覆王城、及遍滿天下也者、又皇后及臣下所見之夢、已以同想也、而奉奏狀、仍敬貴所奉造御願也、

已上依石清水緣起之心、略抄之、

［行教和尚貞觀元年（八五九）己卯四月十五日辛□宇佐宮ニ参着シ、大乘經ヲ轉讀シ、眞言ヲ念持シ、三所大菩薩ニ廻向奉リ、九旬已ニ畢ヌ、都ニ歸本ルヲ欲スルノ間、七月十五日戊辰夜示現シテ云ク、吾感汝善、忘ルベカラズ、都ノ近ニ移リ坐シ、鎭護國家ス、同月廿日癸酉京ニ上ル、八月廿三日丙午山埼離宮邊リニ到來ル、同廿五日夜戊申示宣ス、移リ坐スベキ處、石清水男山ノ峯ナリ。和尚驚キ奇ミ、夜中ニ南ニ向ヒ、大菩薩ニ禮奉ルノ間、山城ノ國ノ巽ノ方ノ山頂ニ、和光垂瑞ス、宛モ月星ノ光ノ如シ、件ノ事ノ由ヲ錄シ、公家ニ奏聞サセ、九月十九日辛未勅使ヲ下シ實檢セシメ、卽チ木工寮權允橘良基ヲ以テ六宇寶殿ヲ造立セシム、三宇正殿、三宇拜殿、

三所ニ御躰ヲ安置奉リ畢ヌ、同十一月十八日己巳和尚公家ニ參候召テ依テ、卽チ仰テ云、未ダ奏聞ヲ經ズ、示現ノ所ノ夢ノ其ノ相、男山ノ峯自リ紫雲立チ登リ王城ヲ覆ヒ、遍滿天下ニ及ブナリテヘリ、マタ皇后及ビ臣下見ル所ノ夢、已ニ同想以テナリ。而テ奏狀ヲ奉リ、仍リテ貴所ヲ敬シ造リ奉ルヲ御願フナリ。

已上石清水緣起ノ心ニ依リ、之ヲ略抄ス」　　　　　　　　　『宮寺緣事抄(47)』

この『宮寺緣事抄』は建保二（一二一四）、三年頃とされている。意訳すると、「貞観元年のこと、行教和尚が、祈誓の行事を終え帰京しようとしていた矢先に、『都の近くに移り、国家を鎮護しよう』という八幡神の神託が降りる。行教は、京に出発し、八月二十五日の夜に、さらに、神が『自分の遷座する場所を石清水男山の峯である』と示し述べた。驚いて南に向かって行教が拝礼をしていたら、山城の国の南東の山頂にあたかも月星の光のような明るいものが見えた。この様な事について記録し、朝廷の天皇に申し上げたところ、九月十九日、天皇は勅使を差し向けて本当かどうかを吟味させた。そうして木工寮の橘良基に正殿・拝殿あわせて六宝殿を造立させて、御神体を三所に安置した。十一月十八日行教は朝廷の天皇のもとに参上し、未だ申し上げていないが、示現の夢は、男山の峯から紫雲が立ち登り皇居を覆い、辺りにもたちこめたと述べた。また皇后や臣下達も同じ夢を見た。そのようなわけで、奏状を天皇に奉り、この場所を敬い社を造ることを願った。」
というところであろうか。

特に注目したいのは、「都ノ近ニ移リ坐シ、鎮護國家ス」の部分である。今までも貞観十二年（八七〇）二月の清和天皇の時代に、次の様に「顯祖」と出てきたりしていた。

史料28

況掛毛畏岐大菩薩波。我朝乃顯祖止御座天。

〔況ヤ掛モ畏キ大菩薩ハ、我ガ朝ノ顯祖ト御座テ〕

『日本三大實錄』(48)

他にも、時代はもっと下るが、次のように「日域之宗廟」と書かれた史料もある。

史料29

康和三年（一一〇一）十月

牒、權中納言兼都督大江朝臣宣、八幡大菩薩者日域之宗廟、海内之鎮守也、靈威振八紘、

〔牒、權中納言兼都督大江朝臣宣、八幡大菩薩ハ日域ノ宗廟、海内ノ鎮守ナリ、靈威八紘ニ振ル〕

『八幡宇佐宮御神領大鏡』(49)

しかし、まず今まで順を追って見てきた様に、神功皇后を祭神とする香椎が「廟」

号で呼ばれており、その神功皇后が宇佐八幡宮に合祀され、宇佐八幡の三神の御霊が、応神天皇・神功皇后・比咩神と決定され、そして山城の国の男山の峯に勧請されたその時、八幡神が「宗廟」として、はっきりと確立されたのではないかと思われるのである。「都の近くに移り、国家を鎮護しよう」と言った神が他にいたであろうか。そしてもう一つ、ここまで国家鎮護を宣言できるのは、神功皇后霊が祭神の中に入っていたからであろう。神功皇后への崇敬は今までに書いたように、高かったが、遠く九州にあって、対外敵を主にその神威を発揮しているだけでは、天皇を中心とした律令国家全体の守護は望めない。天皇の近くに移徙して初めて国家神として「宗廟」と呼ばれる様になって来たのではないか。つまり、八幡神が「宗廟」たるのは神功皇后のおかげではなかったかと考えられるのである。

第二節　法皇・上皇・天皇たちの石清水八幡宮

応徳三年（一〇八六）白河上皇が院庁で政治を見るようになる。所謂、院政の始まりである。この白河上皇が法皇になった頃から、天皇家側が、石清水八幡宮を「宗廟」として強調し始める。白河法皇が石清水八幡宮に送った五通の告文のうち三通に「宗廟」が出てくるのである。五通には、厄よけ・天皇の病気平癒・安産・僧たちの騒動の静謐など様々な願いが書かれており、石清水八幡宮が京の都の近くに来た事で朝廷の身近な神に変化していることが判かる。

史料30

白河法皇御告文

法皇參詣八幡宮告文

維嘉承元年歳次丙戌秋七月庚寅朔廿七日丙辰吉日良辰《ママ》に掛畏き石清水ニ御坐せ留八幡大菩薩の寶前ニ太上法皇恐美恐美も申給へくと申く（略）大菩薩者鎭護之誓不朽す宗廟之礼長嚴シ、擁帝皇之福眼仙院多万者む、既是垂跡乃本意なり、必満足寸厚願を垂給へと念行所天なむ、（略）四海泰平にし天、常磐堅磐、夜守日守与、護幸給へと、申給へくと申寸、

［維嘉承元年歳次丙戌秋七月庚寅朔廿七日丙辰吉日良辰ニ掛モ畏キ石清水ニ御坐セル八幡大菩薩ノ寶前ニ太上法皇恐ミ恐ミモ申給ハクト申ク（略）大菩薩ハ鎭護ノ誓朽ズ宗廟の礼長嚴シ帝皇ノ福眼ヲ擁スヲ仙院タマハム、既ニ是垂跡ノ本意ナリ、必ズ満足ス厚願ヲ垂給ヘト念行ノ所テナム、（略）四海泰平ニシテ常磐堅磐、夜守日守ニ護幸給ヘト、申給ハクト申ス］

『八幡宮寺告文部類第一』(50)

これは、嘉承元年（一一〇六）のものである。「宗廟」としての石清水に白河法皇が皇室の安泰と天下太平を願っている。

史料31

白河法皇御告文

太上法皇被祈申主上御不豫於二社

維永久元年歳次癸巳九月己卯朔七日乙酉尓掛も畏き石清水尓御坐せる八幡大菩薩の廣前尓、太上法皇恐美恐美も申給ハくと申く、大菩薩ハ國家の宗廟と御坐天帝道乃洪基を鎮護給へり、是以天在位之時より始天遁世之今尓至万て頻參社頭ユ殊仰神化こと無限シ無極シ、然間二代皇王乃父祖と爲天六旬春秋の年齢ニ餘給へり、倭漢ニ尋訪尓、曾天少比類シ、誠是大菩薩の神徳尓依天昊天乃景福をハ保給なりと、欣戴大坐すこと、晝も夜も匪懈寸爰去六月の比（ママ）ニ宮寺ニ有恠異と所司言上せりき、公家驚聞食天、令卜求之處ニ、神事違例ニ依天、口舌病事可愼御シと申せりき、倩廻叡慮ニ、逃寶籙れ擺俗塵給と云止も、慈恵を不知寸、幼主を扶持奉給ふ間、如此の咎徴も非無其畏寸、就中近日聖主不豫尓轉禍天爲福シ、除病天延命給ハむ事ハ、厚き御助ユ可在奈利と、所念行天なむ、故是以吉日良辰を擇定天、參議從三位行左大弁兼勘解由長官備前權守源朝臣重資、散位從五位下源朝臣盛季等乎差使天、礼代乃幣帛乎奉出給ふ、掛畏き大菩薩、此狀を平久安久聞食天、縦依理運天可來からむ妖祥なりとも、縦依咎崇天所致乃御藥なりとも、不廻時日寸、忽令除除愈奉給天、天皇朝廷乎寶位無動久、常磐堅磐ニ、夜守日守尓、護幸奉給て、長生久親尓、護恤奉給へシ、又爲報賽尓太上法皇躬自參詣給へシ、此旨乎且照察給天、御願成就給と、恐美恐美も申給へくと申、

［維永久元年歳次癸巳九月己卯朔七日乙酉ニ掛モ畏キ石清水ニ御坐セル八幡大菩薩ノ廣前ニ太上法皇恐ミ恐ミモ申給ハクト申ク大菩薩ハ國家ノ宗廟ト御坐テ帝道ノ洪基ヲ鎭護給へリ、是以テ在位ノ時ヨリ始テ遁世ノ今ニ至マデ社頭ニ頻參ス、殊ニ神化ヲ仰グコト限リ無シ極メ無シ、然間二代皇王ノ父祖ト爲リテ六旬春秋ノ年齡ニ餘給へリ、倭漢ニ尋訪スルニ、曾テ比類少シ、是誠ニ大菩薩ノ神德ニ依テ昊天ノ景福ヲバ保チ給ナリト、大イニ欣《スナワチヨロコビ》戴大ニ坐スコト、晝モ夜も懈《オコタラ》匪ズ、爰ニ去ル六月ノ比(ママ)ニ宮寺ニ恠異有リト所司言上セリキ、公家驚キ聞食テ、卜求メセシム處ニ、神事違例ニ依リテ口舌病ノ事御愼可シト申セリキ、倩《ツラツラ》叡慮廻スニ、寶籙ヲ逃レ俗塵擺キ給ト云トモ慈惠を知ズ、幼主ヲ扶持奉給フ間、此如ノ咎徵モ其ノ畏レ無ク非ズシテ、就中近日聖主不豫ニ御坐ス禍轉ジテ福ト爲シ、病除キテ延命給ハム事ハ、厚キ御助ニ在可ナリト、念ジ行フ所テナム、故ニ是以テ吉日良辰ヲ擇定メテ、參議從三位行左大弁兼勘解由長官備前權守源朝臣重資、散位從五位下源朝臣盛季ラヲ差使テ礼代ノ幣帛ヲ出奉リ給フ、掛モ畏キ大菩薩此狀ヲ平ク安ク聞食テ、縦《タトヒ》理運ニ依テ來可カラム妖祥ナリトモ、縦咎崇依テ致所ノ御藥

ナリトモ、時日廻ラズシテ、忽チ除愈奉給テ、天皇朝廷ヲ寶位動無ク、常磐堅磐ニ、夜守日守ニ護幸奉給テ、長生久親ニ、護恤奉給ベシ、マタ報賽爲ニ太上法皇躬自參詣給可シ、此旨ヲ且照察給テ、御願成就給ト恐ミ恐ミモ申給ハクト申ス」

『八幡宮寺告文部類第一』[51]

これは、永久元年（一一一三）の物で、「大菩薩は國家の宗廟と御坐て帝道の洪基を鎮護給へり」と言い、八幡大菩薩は「国家の宗廟」であり、天皇家を守護している、と述べている。そして、白河法皇がまだ幼い鳥羽天皇（一一〇三～一一五六）の病気平癒と延命を祈願している。そして、白河法皇みずから、石清水八幡宮まで、参詣するとまで、言っているのである。これは極めて高い崇敬と看做して良いであろう。「国家の宗廟」とは、伊勢に続く物であると言っている、と考えられるのではないだろうか。また、次に挙げる二つの史料には興味深いことが書かれている。

史料32

白河法皇御告文

太上法皇參詣石清水供養大般若

維保安五年歳次甲辰二月己卯朔十九日丁酉太上法皇、掛畏き石清水ニ御坐せる八幡大菩薩の廣前ニ恐美恐美も申給ハくと申く、謬以眇身弖、早登皇位れり、撫民之化雖踈も、敬神之誠尤篤シ、其中大菩薩ハ忝為宗廟天、鎮護國家給ふ、因茲天在位之間、毎年臨幸弖奉仰神德こと歳月多廻れり、而雖逃寶籙も、雖入禪門も、猶抽匪石天、屢參祖壇せり、既爲三代帝王之父祖天、且餘七旬春秋之年算れり、膺籙脱屣之間已及五十三年り、訪之倭漢尓、曾無比類シ、若非其神恩ハ豈享此景福ヤ、抑性是庸昧尓、德又菲薄ニ天、幼齡之主を奉扶天、朝家之政乎相議するを代々之間連々不絶す、神慮難測シ、（略）中宮(藤原璋子)ハ仙院ニ養長天、后闈尓備給へり、其身有娠天誕彌期近シ、平安ニ產生弖繼副益廣らむことも、大菩薩の廣キ御助、厚キ御惠ニ可在なりと、所念天れむ、（略）國家安穩ュ寰海靜謐ニシ天、夜守日守尓、護幸給と、恐美恐美も申給ハくと申、

作者式部大輔敦光朝臣

[維保安五年（一一二四）歳次甲辰二月己卯朔十九日丁酉太上法皇、掛畏キ石清水ニ御坐セル八幡大菩薩ノ廣前ニ恐ミ恐ミモ申給ハクト申ク、謬ニ眇身ヲ以テシテ早ク皇位ニ登レリ、撫民ノ化踈ト雖モ、敬神之誠尤モ篤シ、其中大菩薩ハ忝ク宗廟爲リテ、鎮護國家給フ、茲ニ因テ在位ノ間、毎年臨幸シテ神德仰ギ奉コト歳月多ク廻レリ、而寶籙逃ルト雖モ、禪門ニ入ルト雖モ、猶抽匪石テ、屢《シバシバ》社壇ニ參セリ、既に三代帝王ノ父祖ト為リテ且七旬餘ノ春秋ノ年算レリ、膺籙脱屣ノ間已五十三年ニ及ベリ之倭漢ヲ訪ルニ、曾ノ比類無シ、若シ其ノ神恩非ズバ豈享此景福アラズヤ抑《ソモソモ》性是庸昧ニ、德マタ菲薄ニテ幼齡ノ主ヲ扶ケ奉テ朝家ノ政ヲ相議スルヲ代々ノ

間ツ連々絶ズ神慮測リ難シ（略）又中宮（藤原璋子）ハ仙院ニ養長シテ后闈ニ備給ヘリ、其ノ身娠有テ誕彌期近シ平安ニ産生シテ繼副益廣ラムコトモ、大菩薩ノ廣キ御助、厚キ御惠ニ在可ナリト、所念テレム（略）國家安穏ニ寰海靜謐ニシテ、夜守日守ニ護幸奉給ト恐ミ恐ミモ申給ハクト申、」(52)

史料33

鳥羽上皇御告文

太上天皇依藤三位產祈奉幣五社以此告ノ文驗五月誕生皇子（體仁）也、

維保延五年歲次己未四月庚戌朔己卯、吉日良辰尓掛も畏き某大神の宇豆乃廣前ニ恐美恐美も申賜《ママ》ハくと申久、我朝波神國なり、宗廟の靈睠神明の加護尓依弖、天枝帝葉の粃を茂尓、磐石維城の基ニ堅給ふ物ニ在り、（略）方今從三位藤原朝臣得子彫管記功シ、翠筠比節寸、而懷孕之慶已來天產育之期漸近シ、平久安久齡を保シ免牟事は、大神の廣御助ニ可在と、所念行天なむ、（略）常磐堅磐尓、夜守日守尓護幸給へと、恐美恐美も申賜《ママ》ハくと申、

作者式部大輔敦光朝臣

［太上天皇依藤三位產祈奉幣五社此告文ノ驗ヲ以テ五月誕生皇子（體仁）也、

維保延五年歲次己未四月庚戌朔己卯、吉日良辰ニ掛モ畏キ某大神ノ宇豆ノ廣前ニ恐ミ恐ミモ申賜ハクト申ク、我ガ朝ハ神國ナリ、宗廟ノ靈睠神明ノ加護ニ依テ天枝帝葉ノ粃ヲ茂ニ、磐石維

城ノ基ニ堅給フ物ニ在リ、（略）方ヤ今従三位藤原朝臣得子管記ヲ彫シ功シ、翠筠比節シテ、而懐孕ノ慶已來テ產育ノ期漸近シ、平ク安ク齢ヲ保シメム事ハ、大神ノ廣御助ニ在可ト、所念行テナム、（略）常磐堅磐ニ、夜守日守ニ護幸給ヘト、恐ミ恐ミモ申賜ハクト申、」(53)

保安五年（一一二四）の白河法皇の告文も、保延五年（一一三九）の鳥羽上皇の告文も、八幡神に「宗廟」と呼びかけていることは、前出の告文と変わらないが、共通しているのが、安産の祈念をしていることである。史料32の白河法皇の告文には、自らの猶子の、藤原璋子と孫の鳥羽天皇の間に生まれる曾孫の為に告文を奉っており、史料33の鳥羽上皇も生まれて来る我が子の為に告文を出している。皇統の後継ぎが、元気に産まれて来ることは、天皇家にとっては大事なことであるから、「宗廟」たる石清水八幡に祈るのは当然といえば当然なのであるが、男神である八幡神に安産の祈念をしているのではなく、神功皇后に祈念している様に思えてならない。神功皇后は臨月にも拘らず、戦の将軍として、新羅に攻め入って勝利し、帰国後無事に応神天皇（八幡神）を産んでいるのであるから、安産の神とされてもなんら不思議なことではない。時代はかなり下るのであるが、大永七年（一五二七）に書かれた『日本書紀神代巻抄』に興味深い一文がある。

史料34

日本テハ、伊勢、八幡ヲ宗廟ト云、ソノ外ハ皆社稷ト云。伊勢ノ内宮ハ天照太神、外宮ハ國常立尊也。ナセニ八幡ヲ宗廟トスルソナレハ、應神天皇新羅ヲ伐テ、馬カイト云姓ヲ出サル、也。應神カラ外國ヲシタガユルホトニ、八幡ヲ宗廟トスル也。

『日本書紀神代巻抄』(54)

右の史料の内容は全て神功皇后の功績であり、八幡神である応神天皇の手柄ではない。とすれば、「宗廟」とされる理由は神功皇后であると言っている様なものなのである。

ともかく、この後の後白河・二條・土御門・後鳥羽天皇の宣命には「宗廟」の文字は出てこない。白河天皇は、弱体化した摂関家をおさえ、譲位後上皇・法皇として院政を行った。その期間は、堀河・鳥羽・崇徳天皇の四三年間に及ぶ。遥か遠く伊勢にある天照大神より、京にある石清水八幡をさらなる天皇家の権威、つまり、「第二の宗廟」として利用し、院政を行った可能性も窺えるのである。

そして、ついには嘉禎二年(一二三六)の別當法印宗清祭文に、「大日本國第二宗廟」(55)と明記されることとなったのである。

史料35

シカルニ天照太神ノ宮ニナラビテ、二所ノ宗廟トテ八幡ヲアフギ申サル、コト、イトタフトキ御事也。『神皇正統記』(56)

以後、八幡神を「第二の宗廟」と考えることは石清水関係の史料を中心に広がり、時代が下って、北畠親房の記した『神皇正統記』にも史料35の様に特記されているのである。

おわりに

天平勝宝元年（七四九）には、まだ九州の一有力神として、東大寺の盧舎那仏建立の為の鎮守神として大和に勧請されてきた宇佐の八幡神が、主として新羅に対峙する神として存在していた神功皇后を祭神とする香椎廟と合祀されることによって、神功皇后の息子である応神天皇霊として決定されたと考えた。そして、その宇佐八幡神が、京の都に勧請されて「第二の宗廟」と呼ばれるにまで崇敬が向上してくる様子をみてきた。

そこには、一地方神ながら、皇位の授与と剥奪にまで関わる様になって来た宇佐八幡神の力をコントロールしようとする律令国家側の思惑が見え、またさらに、宇佐八幡神を朝廷近くの京の都に勧請することによって、完全に天皇家側の神として取り込んでゆく過程が看破出来たと思う。

しかしこの様な宇佐八幡神の変遷には神功皇后の存在が、大きく関わっていたと推測できるのである。敢ていえば、『日本書紀』にもその活躍が顕著である、偉大な神功皇后の息子でなければ、応神天皇は八幡神になり得なかった。そして、「第二の宗廟」と呼ばれる事も無かったのではないかと考えられるのである。

日本には天皇家を中心とした伊勢の天照大神と言う最も高い次元の「宗廟」と、石清水（宇佐）の八幡神と言うもともと人間の天皇母子であり、僧でも近づくことができる、身近な国民の「宗廟」の二つが存在すると言っていいのかも知れない。

註

（1）『続日本紀　二』（新日本古典文学大系　岩波書店　一九九〇年）三一二〜三一三頁。
尚、史料の中などにある傍線は全て上嶌によるものである。
（2）『交替式・弘仁式・延喜式前篇』（新訂増補　國史大系　吉川弘文館　一九七四年）一九二頁。
（3）『日本書紀　二』（岩波文庫　二〇〇一年）一四四頁。四九五頁。
（4）『日本書紀　二』（岩波文庫　二〇〇一年）一三八頁。四九四頁。
（5）『日本書紀　二』（岩波文庫　二〇〇一年）一五六頁。四九八頁。

（6）（2）に同じ。一〇三頁。
（7）『日本書紀　二』（岩波文庫　二〇〇一年）一三〇頁。
（8）『日本書紀　二』（岩波文庫　二〇〇一年）一四〇頁。
（9）『日本書紀　二』（岩波文庫　二〇〇一年）一四二頁。
（10）『続日本紀　三』（新日本古典文学大系　岩波書店　一九九二年）三二六〜三二七頁。
（11）『続日本紀　三』（新日本古典文学大系　岩波書店　一九九二年）四一四〜四一五頁。
（12）『日本書紀　二』（岩波文庫　二〇〇一年）一六〇頁。四九九頁。
（13）『続日本紀　四』（新日本古典文学大系　岩波書店　一九九五年）一六〜一七頁。
（14）『続日本後紀』（新訂増補国史大系　吉川弘文館　一九九〇年）一四三頁。史料中の「叐」の字は『康熙字典』（中華書局出版　一九六二年）子集下、又部を参考にした。
（15）『続日本紀　三』（新日本古典文学大系　岩波書店　一九九二年）九四〜九五頁。
（16）『続日本紀　三』（新日本古典文学大系　岩波書店　一九九二年）九四〜九七頁。
（17）『続日本紀　三』（新日本古典文学大系　岩波書店　一九九二年）九六〜九七頁。
（18）大宝元年（七〇一）に定められた『大宝令』では礼服・朝服ともに親王四品以上諸臣の一位は黒紫、諸王二位以下、諸臣三位以上は赤紫となった。（『国史大辞典　一三』　吉川弘文館　一九九二年）六七六頁。
（19）この表現は、『新版日本史辞典』から引用した。『新版日本史辞典』（角川書店　一九九六年）一〇〇頁。
（20）『続日本紀　四』（新日本古典文学大系　岩波書店　一九九五年）二五四〜二五七頁。
（21）『東大寺要録　巻二』（続々群書類従　第十一　宗教部　編纂　国書刊行会　続群書類従完成

会　一九七八年）九頁。
(22) 宮地直一『八幡宮の研究』（理想社　一九五六年）
(23) 中野幡能『八幡信仰史の研究　上・下』（吉川弘文館　一九七六年）及び『八幡信仰』（はなわ新書　塙書房　一九九六年）
(24) 逵日出典『八幡神と神仏習合』（講談社現代新書　講談社　二〇〇七年）及び『八幡宮寺成立史の研究』（続群書類従完成会　二〇〇三年）
(25) 『新訂　新訓万葉集　上巻』（佐佐木信綱編　岩波文庫　一九九四年）二五六頁。
(26) 『新訂　新訓万葉集　上巻』（佐佐木信綱編　岩波文庫　一九九四年）二一六〜二一七頁。
(27) 『新訂　新訓万葉集　上巻』（佐佐木信綱編　岩波文庫　一九九四年）二二四頁。
(28) 『国語大辞典』（小学館　一九八二年）二〇六三頁。
(29) 『香椎宮編年記』（広渡正利　『香椎宮史』　文献出版　一九九七年）一三八〜一三九頁。
(30) 『八幡宇佐宮御託宣集』（『神道大系　神社編　宇佐』　神道大系編纂会　一九八九年）三五頁。本書は宇佐宮学頭神吽が、正応三年（一二九〇）二月十日、宇佐宮の由緒記録を集めて編纂をはじめ、二十三年を経て正和二年（一三一三）八月に完了したものである。巻数は十六巻ある。
(31) 『八幡愚童訓』（『寺社縁起』　日本思想大系　岩波書店　一九七五年）一七八頁。
(32) 塚口義信「香椎廟の創建年代について」（『神功皇后伝説の研究』　創元社　一九八〇年）一三六〜一三七頁。
(33) 『宇佐宮史　史料編　巻二』（監修竹内理三　編纂中野幡能　宇佐神宮庁　一九八五年）六七頁。なお、弘仁十一年（八二〇）の宇佐宮の託宣も同頁にのっている。

(34)『八幡宇佐宮御託宣集』(『神道大系　神社編　宇佐』神道大系編纂会　一九八九年)五五頁。
(35)『太宰管内志　中巻　筑後之部・豊前之部・豊後之部』(文献出版　一九八九年)三三五頁。元暦元年(一一八四)七月朔日、豊後の緒方惟栄が宇佐宮の神宝文書を盗み、宇佐宮・弥勒寺・人家を焼き払った。その折この『宇佐宮社記』も焼失したかと思われる。
(36)『新訂増補　国史大系　日本紀略　第二(前篇下)』吉川弘文館　一九八〇年)三一〇頁。
(37)『新訂増補　国史大系　日本紀略　第二(前篇下)』吉川弘文館　一九八〇年)二九八頁。ただし、ここに引用した部分は「日本後紀巻第廿三」となっている。
(38)『新訂増補　国史大系　日本紀略　第二(前篇下)』吉川弘文館　一九八〇年)三一二頁。
(39)『八幡宇佐宮御託宣集』(『神道大系　神社編　宇佐』神道大系編纂会　一九八九年)四九～五〇頁。
(40)「解題」(『神道大系　神社編　石清水』神道大系編纂会　一九八八年)四四～四五頁。
(41)飯沼賢司『八幡神とは何か』(角川選書366　角川書店　二〇〇四年)九九頁。
(42)飯沼賢司『八幡神とは何か』(角川選書366　角川書店　二〇〇四年)一二六～一二七頁。
(43)『宇佐八幡宮彌勒寺建立縁起』(『神道大系　神社編　宇佐』神道大系編纂会　一九八九年)四頁。一〇頁。
(44)中野幡能氏は氏の著書で、
「即ち弘仁十四年(八二三)には応神八幡信仰をより明確にするために母后とされる神功皇后をとり入れ、宇佐宮第三殿を造立し、」

と述べている。

中野幡能(増補版『八幡信仰史の研究』下巻　吉川弘文館　一九七六年)六一四～六一五

頁。

(45)『日本書紀　二』(岩波文庫　二〇〇一年)一九〇頁。五〇八頁。

(46)飯沼賢司氏は氏の著書で次のように述べている。

「応神天皇への信仰は、応神そのものへの信仰はほとんどない。胎中天皇として母神功皇后の胎内で母とともに新羅と戦ったのであり、新羅との関係ではまったく実体をもたない。母神功皇后が存在して、はじめて成り立つ信仰であり、宇佐宮の八幡神を応神天皇霊とみなすようになった契機は、八二〇年(弘仁十一)の大帯姫の霊の奉祠の託宣と八二三年(弘仁十四)の大帯姫三殿の造立であり、応神信仰というより、応神天皇・神功皇后信仰というべきものであった。」

飯沼賢司『八幡神とは何か』(角川選書366　角川書店　二〇〇四年)一二八頁。

(47)『宮寺縁事抄』(『神道大系　神社編　石清水』　神道大系編纂会　一九八八年)四頁。

(48)『日本三代實録』(『新訂増補　国史大系(4)　日本三代實録』吉川弘文館　一九六六年)二六三頁。

(49)『八幡宇佐宮御神領大鏡』(『神道大系　神社編　宇佐』　神道大系編纂会　一九八九年)四〇五頁。

(50)『八幡宮寺告文部類第二』(『大日本古文書　家わけ第四　石清水文書之一(田中家文書)』東京大学史料編纂所　東京大学出版会　一九六九年)七頁。

(51)『八幡宮寺告文部類第二』(『大日本古文書　家わけ第四　石清水文書之一(田中家文書)』東京大学史料編纂所　東京大学出版会　一九六九年)九～一〇頁。

(52)『八幡宮寺告文部類第一』(『大日本古文書　家わけ第四　石清水文書之一(田中家文書)』

東京大学史料編纂所　東京大学出版会　一九六九年）一一～一二頁。

（53）『八幡宮寺告文部類第二』（『大日本古文書　家わけ第四　石清水文書之一（田中家文書）』東京大学史料編纂所　東京大学出版会　一九六九年）一五頁。

（54）『日本書紀神代巻抄』（『神道大系　古典註釋編　日本書紀註釋㊦』神道大系編纂会　一九八八年）二四五頁。

（55）『八幡宮寺告文部類第二』（『大日本古文書　家わけ第四　石清水文書之一（田中家文書）』東京大学史料編纂所　東京大学出版会　一九六九年）八六頁。

（56）『神皇正統記』（『神皇正統記・増鏡』日本古典文学大系　岩波書店　一九六五年）八一頁。

第四部　聖母《しょうも》・神功皇后

はじめに

南北朝期に成立した、『神道集』という縁起説話集がある。編者は未詳であるが、安居院流の唱導家が関わっているとされている。

また、神道大系所収の『神道集』の解題には、「神道集は、仏教理論に導かれて神道教説のようやく盛んになってきた中世前期に、国内の広い範囲にわたって布教対象を求め、諸社の縁起や祭事の習俗等について説きひろめた唱導僧のためのテキストとして編まれたものと考えられる。(1)」と書かれている。

この『神道集』の巻一の二は「宇佐八幡事」となっている。宇佐八幡が人王十六代誉田天皇で、それは応神の異名であり、「我護國靈驗威力神通大自在菩薩」であると述べられている。(2)後は、ごく一般的に流布している八幡神の縁起と同じであるが、一文だけ興味深い箇所がある。「今ノ大菩薩ノ本起ハ、日本神功皇后是ナリ(3)」のところである。「いまの八幡神信仰の起りは神功皇后が始まりである」と言いたいのではないか、と考える。これは、思いのほか八幡信仰の本質を言い得ているのではないかと思われる。「大菩薩」と言う時、祈りを捧げる人々の心の中には八幡大菩薩とその母聖母《しょうも》大菩薩（神功皇后）が連想されているのではないだろうか。そもそも何故、神功皇后が「聖母《しょうも》」と呼ばれるのであろう。「聖母《しょうも》」とはどういう意味なのか。これ等の事を念頭に考察して行きたいと思う。

第一章　神功皇后と日本

第一節　継体天皇と神功皇后

唐突に何故継体天皇が出て来るのだろうと思われるかも知れない。しかし、この二人には思わぬ関係があったのである。

『日本書紀』によると、（神功皇后を十五代とかぞえたとして）第26代の武烈天皇は後継ぎが無く崩御してしまう。その後、応神天皇五世の孫の継体天皇が後を継ぐのである。しかし一般的に考えて、応神から継体まで応神を入れて11人の天皇に全く子孫がいなかったとは考えられない。何故、継体天皇が選ばれたのだろうか。

この継体天皇に関しては、様々な研究がなされているが、今ここでは触れないことにする。『日本書紀』の記述と、中世の人々がそれについてどう考えていたか、のみに注目してみたいと思う。

まず、正史である『日本書紀』を読んでみると、仲哀天皇には皇子が四人いることになっている。そのうち三人は、仲哀紀に次の様に書かれている。

史料1

二年春正月甲寅朔甲子、立氣長足姫尊爲皇后。先是、娶叔父彦人大兄之女大中姫爲妃。生麛坂皇子・忍熊皇子。次娶來熊田造祖大酒主之女弟媛、生譽屋別皇子。

〔二年の春正月の甲寅の朔甲子に、気長足姫尊《おきながたらしひめのみこと》(神功皇后)を立てて皇后とす。是より先に、叔父彦人大兄が女大中姫《おほなかつひめ》を娶りて妃としたまふ。麛坂皇子《かごさかのみこ》・忍熊皇子《おしくまのみこ》を生む。次に来熊田造が祖大酒主が女弟媛を娶りて譽屋別皇子《ほむやわけのみこ》を生む。〕『日本書紀』(4)

気長足姫尊《おきながたらしひめのみこと》(神功皇后)の産んだ仲哀天皇の第四子、譽田天皇(応神天皇)はこの仲哀紀には出てこないが、次の神功紀に神功皇后が新羅から帰国後、「生譽田天皇於筑紫。:譽田天皇を筑紫に生《あ》れたまふ。(5)」と記述されている。

さて、武烈天皇が後継ぎの無いまま崩御したあと、大和の臣下達はどの様にして、次の天皇を決めたのであろうか。

初め仲哀天皇の五世の孫の倭彦王を新天皇にしようと臣下達は丹波の国まで迎えに行くが、倭彦王は、兵の姿を見て恐れてどこかに逃げてしまう。

史料2

壬子、大伴金村大連議曰、方今絶無繼嗣。天下何所繫心。自古迄今、禍由斯起。今足仲彦天皇五世孫倭彦王、在丹波國桑田郡。請、試設兵仗、夾衞乘輿、就而奉迎、立爲人主。大臣大連等、一皆隨焉、奉迎如計。於是、倭彦王、遙望迎兵、懼然失色。仍遁山壑、不知所詣。

〔壬子に、大伴金村大連議《はか》りて曰はく、「方に今絶えて継嗣《みつぎ》無し。天下、何《いづれ》の所にか心を繋《か》けむ。古より今に迄るまでに、禍《わざわい》斯《これ》に由りて起る。今足仲彦天皇《たらしなかつひこのすめらみこと》（仲哀天皇）の五世の孫倭彦王《やまとひこのおほきみ》、丹波国の桑田郡に在《ま》す。請ふ、試に兵仗《つはもの》を設《ま》けて、乗輿を夾《はさ》み衛りて、就《ゆ》きて迎へ奉りて、立てて人主《きみ》としまつらむ」といふ。大臣・大連等、一《もはら》に皆随ひて、迎へ奉ること、計《はかりこと》の如し。是に、倭彦王、遥に迎へたてまつる兵を望《おせ》りて、懼然《おそ》りて色《おもへり》失《あやま》りぬ。仍りて山壑《やまたに》に遁《にげほどはし》りて、詣《いま》せむ所をしらず。」〕『日本書紀』[6]

『日本書紀』にはこの倭彦王のことは、この他に出てこない。仲哀天皇のどの皇子の子孫であるか書かれてはいないし、自分を迎えにきた兵達に恐れをなしてどこかに姿を隠してしまうとは、なんとも意気地が無い人物であるかの如くに描写されている。

鎌倉後期に成立した、卜部兼方による『日本書紀』の注釈書、『釋日本紀』にはこの倭彦王のことは次の様に書かれている。

史料3

・倭彦王

兼方案之、仲哀天皇〻子、譽屋別皇之後歟。祖考未詳。

[兼方之ヲ案ズルニ、仲哀天皇皇子、譽屋別皇子ノ後歟。祖考未ダ詳カナラズ。]

『釋日本紀』(7)

「倭彦王は、仲哀天皇の皇子の譽屋別皇子の末裔か。それについては未だはっきりしていない。」つまり、倭彦王は良くわからない人物なのである。そして、倭彦王が遁走してしまったので、次に白羽の矢が立ったのが、男大迹王《おほどのおほきみ》（後の継体天皇）である。

史料4

元年春正月辛酉朔甲子、大伴金村大連、更籌議曰、男大迹王、性慈仁孝順。可承天緒。冀慇懃勧進、紹隆帝業。（略）妙簡枝孫、賢者唯男大迹王也。

[元年の春正月の辛酉の朔甲子に、大伴金村大連、更《また》籌議《はか》りて曰はく、「男大迹王《おほどのおほきみ》、性《ひととなり》慈仁ありて孝順《おやにしたがふ》ふ。天緒《あまつひつぎ》承《つた》へつべし。冀《ねが》はくは、慇懃《ねむごろ》に勧進《すすめまつ》りて、帝業《あまつひつぎ》を紹隆《さか》えしめよ」といふ。（略）「枝孫《みあなすゑ》を妙《くは》しく簡《えら》ぶに、賢者《さかしきみこ》は唯し男大迹王ならくのみ」といふ。]

『日本書紀』(8)

この男大迹王は、『日本書紀』の継体天皇即位前紀の条で、「誉田天皇の五世の孫、彦主人王の子なり。」となっており、五十七歳の時、武烈天皇が後継ぎのないまま亡くなり、次期天皇第一の候補者である倭彦王が行方をくらましたため、仁賢天皇皇女で武烈天皇のきょうだいである手白香皇女《たしらかのひめみこ》を皇后として、大和に入って皇統を継いだとされている。

前出『釋日本紀』による系図を簡単にして書いて見ると、

凡牟都和希王（応神天皇）→若野毛二俣王→大郎子→汙斯王→乎富等大公王(9)（継体天皇）

となっている。

ここに注目すべき点がある。初め臣下達は、「足仲彦天皇《たらしなかつひこのすめらみこと》（仲哀天皇）の五世の孫倭彦王《やまとひこのおほきみ》」を次期天皇に迎えようとした。ところが、この人物はその器ではなかったようで、今度は、「誉田天皇（応神天皇）の五世の孫男大迹王《おほどのおほきみ》」が選ばれたのである。仲哀天皇の子孫が後継ぎにならず、応神天皇の子孫が後継ぎになっている。仲哀天皇は、『日本書紀』で、次の様に神の言葉を信じなかったという罰によって亡くなったとされている。

史料5

不用神言而早崩。　『日本書紀』(10)

「神の言《みこと》を用ゐたまはずして、早く崩りましぬることを」

また、北畠親房の著した『神皇正統記』でも、同じように書かれている。

史料6

仲哀神ノヲシヘニヨラズ、世ヲ早クシ給シカバ　『神皇正統記』[11]

片や応神天皇は、どうであろう。応神天皇自身は特に偉業を成し遂げた訳ではないが、彼は神功皇后の唯一の息子なのである。其の姿も母である神功皇后に似ているとされている。つまり、継体天皇は神功皇后の息子応神天皇の子孫であり、また神功皇后の血統を受け継ぐ者と看做しても良いのではないだろうか。前出の『神皇正統記』で北畠親房は、継体天皇を「中興の祖宗」と呼んでいる。[12]

この様に継体天皇にも神功皇后が関わっているのである。この「継体」という諡号は、まさに皇統が途切れそうになったのを繋いだという意味も含んでいる様に思われる。この重要な人物に神功皇后の血統が関係しているとなれば、このことは見逃せないのではなかろうか。

第二節　神功皇后と女帝達の統治観

神功皇后も『日本書紀』によれば、第十五代とされて、一章をたてて、かなり詳しい内容が記述されているので、天皇と看做して良いと思うのであるが、では神功皇后と女帝達はどの様な違いがあったのであろうか。

周知のように、古代、我が国には八代六人の女帝が存在した。彼女らが政治の中枢の頂点に立つ、即ち天皇となることをその時代の人々はどの様な思想をもってして是としていたのであろうか。『日本書紀』『続日本紀』の中にそのヒントがないか読み進むうちにある言葉に突き当たった。それは「徳」である。

男帝、女帝に関わらず『日本書紀』『続日本紀』の中にこの「徳」という言葉は頻出する。推古紀では殆ど書かれていないこの文字が、時代が下るにつれ、各々の天皇の詔の中や記述の中に増加してゆくのである。女帝に限定して見てゆくと次のようになる(13)

Aは『日本書紀』、Bは『続日本紀』を表している。

☆推古天皇　・・・無し

☆皇極天皇

①天下百姓、倶称萬歳曰、至徳天皇。

［天下の百姓、倶に称万歳びて曰さく、「至徳まします天皇なり」とまうす。］

（A：皇極天皇　元年八月）

☆斉明天皇

①而無徳矣。今方皇子、年始十九。未及成人。可至成人、而得其徳

［〔或る人が、有間皇子をさして、〕徳無し。方に今皇子、年始めて十九。未だ成人に及らず。成人に至りて、其の徳を得べし］

（A：斉明天皇　四年十一月）

②天地合徳、自得平安。

［天地徳を合せて、自づからに平安なること得たり。］

（A：斉明天皇　五年七月）

☆持統天皇

①有母儀徳。［母儀徳有します］

（A：持統天皇　称制前紀）

②廣慈汝等之徳、不可絕之。

［広く汝等を慈みたまひし徳、絶ゆべからず。］

（A：持統天皇　三年五月）

③内修四徳、［内に四徳を修め、］

（B：天平八年十一月）

☆元明天皇　…無し

☆元正天皇

①夙彰徳音。［夙に徳音を彰せり。］（B：霊亀元年九月）

②然崇徳之道、既有旧貫。［然も徳を崇ぶる道は既に旧貫有り。］（B：養老三年十月）

③徳沢流洽、則霊亀出。（B：養老七年十月）
［徳沢流洽するときは、霊亀出づ。］

④厚支広支徳乎蒙而、［厚き広き徳を蒙りて、］（B：天平元年八月）

☆孝謙天皇

①朕聞、皇天輔徳、徳勝不祥。（B：天平勝宝六年七月）
［朕聞かく、「皇天徳を輔け、徳不祥に勝つ。」］

②恒思報徳、日夜無停。（B：天平勝宝八歳十二月）
［恒に報徳を思ひて、日夜停むこと無し。］

③報徳惟深。［徳に報ゆること、惟れ深し。］（B：天平宝字元年閏八月）

④昊天報徳　［昊天徳に報いて］（B：天平宝字二年二月）

⑤損乾徳於坤儀、鴻基逐固。（B：天平宝字二年八月）
［乾徳を坤儀に損ひて、鴻基逐に固し。］

⑥虫彫藤枝、禎文告徳。
〔虫藤枝を彫りて禎文徳を告ぐ。〕（B：天平宝字二年八月）

⑦黎元楽推、地成之徳逾遠。
〔黎元楽推して地成の徳逾に遠からしむ。〕（B：天平宝字二年八月）

⑧観斯盛徳　〔斯の盛徳を観〕（B：天平宝字二年八月）

⑨奉称上臺宝字称徳孝謙皇帝
〔上臺は宝字称徳孝謙皇帝と称し奉り〕（B：天平宝字二年八月）

⑩然則、表徳称功、莫不由於名号。
〔然れば徳を表し功を称すことは、名号に由らずといふこと莫し。〕（B：天平宝字二年八月）

⑪錫類之徳弥厚。〔錫類の徳弥厚し。〕（B：天平宝字二年八月）

☆称徳天皇

①至徳之世、〔至徳の世、〕（B：天平神護二年十月）

②聖皇之御世尓至徳尓感天天地乃示現之賜物止奈毛常毛聞行須。
〔聖の皇が御世に至れる徳に感でて天地の示現し賜ふ物となも常も聞し行す。〕（B：神護景雲元年八月）

③良由宗社積徳、餘慶所覃。（略）唯可与同徳。

［良に宗社の積徳、餘慶の覃ぶ所に由れり。（略）唯、与に徳を同じくすべし。］

（B：宝亀元年五月）

④皇帝陛下、蘊徳乗機、［皇帝陛下、徳を蘊み機に乗りて、］

（B：宝亀元年五月）

⑤常有慙徳、［常に徳に慙づること有りて、］

（B：宝亀元年七月）[14]

以上の史料からみると、女帝にも男帝と同じく「徳」が求められたようである。おそらく、律令制の導入に伴い中国の徳治思想の影響を強く受けたためであろう。しかし、推古帝と孝謙帝に次のような発言がある。

＊後君曰、愚癡婦人、臨天下以頓亡其縣。

［後の君の曰はまく、『愚に痴しき婦人、天下に臨みて頓に其の県を亡せり』とのたまはむ。］（推古）

『日本書紀』[15]

＊女子能継尓波在止母欲令嗣止宣弖、

［女子の継には在れども嗣がしめむと宣りたまひて、］（孝謙）

『続日本紀』[16]

女帝たちが自らが「女」であることを全く気に留めていなかった訳ではなさそうである。治世観として、「徳」を掲げていたとしても、女帝のそれは、男帝のものと同じであったとは言えないのではあるまいか。

ではどういった「徳」なのであろうか。その「徳」とは「母儀徳」（『日本書紀』持統天皇　称制前紀[17]）という言葉に代表された「母性を前提とした徳」であると考えられよう。皇極（斉明）帝を孝徳帝が「皇祖母尊《すめみおやのみこと》」[18]と呼び、持統帝に「有母儀徳：母儀徳《おもたるいきほひ》有《ま》します」[19]とあて、太上天皇と呼ぶべき元明帝に対し聖武帝が「皇祖母《すめみおや》」[20]・「王祖母天皇《おほきみみおやすめらみこと》」[21]と呼んでいる。また、独身で子を持たなかった元正帝が、甥の聖武帝に天皇の位を譲るにあたっても、「吾子美麻斯王尓、授賜譲賜：吾が子みまし王に、授け賜ひ譲り賜ふ」[22]と詔して仮の母子関係がある如く振舞っている。同じく孝謙帝も「母臨区宇：区宇《くに》に母とし臨みて」[23]と自己の母性を強調している。よって、日本における女帝の治世観は中国の徳治とは異なる日本独自の「母儀の徳治」であったと言えよう。

さて、女帝達から遡って、中国の国史に最初に、日本の女性の統治者として実名で登場するのは女王卑弥呼である。

史料7

其國本亦以男子爲王住七八十年倭國亂相攻伐歴年乃共立一女子爲王名曰卑彌呼事鬼道能惑衆年已長大無夫壻有男弟佐治國自爲王以來少有見者以婢千人自侍唯有男子一人給飲食傳辭出入居處宮室樓觀城柵嚴設常有人持兵守衛

［その国、本また男子を以て王となし、住まること七、八十年。倭国乱れ、相攻伐すること歴年、乃ち共に一女子を立てて王となす。名づけて卑弥呼という。鬼道に事え、能く衆を惑わす。年已に長大なるも、夫婿なく、男弟あり、佐けて国を治む。王となりしより以来、見るある者少なく、婢千人を以て自ら侍せしむ。ただ男子一人あり、飲食を給し、辞を伝え居処に出入す。宮室・楼観・城柵、厳かに設け、常に人あり、兵を持して守衛す。］『魏志』[24]

もともとは、男の王が治めていたが、国が乱れてきたので「鬼道に事え、能く衆を惑わす」女を王としたとある。夫はなく、弟が補佐し、総ての取次ぎをしていたという。景初三年（二三九）[25]六月、倭の女王は魏に使いを送り、天子に朝献することを申し出る。『魏志』はつづく。

史料8

制詔親魏倭王卑弥呼（略）汝所在踰遠乃遣使貢獻是汝忠孝我甚哀汝今以汝爲親魏倭王假金印紫綬裝封付帯方太守假授汝其綏撫種人勉爲孝順

［親魏倭王卑弥呼に制詔す。（略）汝がある所踰かに遠きも、乃ち使を遣わして貢献す。これ汝の忠孝、我甚だ汝を哀れむ。今汝を以て親魏倭王となし、金印紫綬を仮し、装封して帯方の太守に付し仮授せしむ。汝、それ種人を綏撫し、勉めて孝順をなせ。］『魏志』[26]

卑弥呼が、皇帝から「親魏倭王」とされ、金印を授かったことがわかる。『後漢書』

倭伝にも同様に卑弥呼についての記述がある。

史料9

桓靈間倭國大亂更相攻伐歴年無主有一女子名曰卑彌呼年長不嫁事鬼神道能妖惑衆於是共立爲王侍婢千人少有見者唯有男子一人給飲食傳辭語居處宮室樓觀城柵皆持兵守衛法俗嚴峻

〔桓・霊の間、倭国大いに乱れ、更と相攻伐し、歴年主なし。一女子あり、名を卑弥呼という。年長じて嫁せず、鬼神の道に事え、能く妖を以て衆を惑わす。ここにおいて、共に立てて王となす。侍婢千人。見るある者少なし。ただ男子一人あり、飲食を給し、辞語を伝え、居処・宮室・楼観・城柵、皆兵を持して守衛し、法俗厳峻なり。〕『後漢書』[27]

『魏志』・『後漢書』に共通しているのは、倭国に卑弥呼という女王がいて、鬼道をもって人々を治め、独身で、傍らに取次ぎの男性がひとりいた事である。これは、誰かに似ていないだろうか。既に多くの研究者も指摘しているが、まさに神功皇后とその忠臣・武内宿禰のことを当てはめることができるのである。勿論、オリジナルは『魏志』・『後漢書』で、『日本書紀』の話はこれらの書物をもとに製作されたと思われる。『日本書紀』がそれを示唆している部分が神功紀にある。

史料10

卅九年。是年也、太歳己未。魏志云、明帝景初三年六月、倭女王遣大夫難斗米等、詣郡、求詣天子朝獻。太守鄧夏遣吏將送詣京都也。

卌年。魏志云、正始元年、遣建忠校尉梯携等、奉詔書印綬、詣倭国也。

[三十九年。是年、太歳己未。魏志に云はく、明帝の景初の三年の六月、倭の女王、大夫難斗米等を遣して、郡に詣りて、天子に詣らむことを、求めて朝獻す。太守鄧夏、吏を遣して將て送りて、京都に詣らしむ。

四十年。魏志に云はく、正始の元年に、建忠校尉梯携等を遣して、詔書印綬を奉りて、倭国に詣らしむ。]　『日本書紀』[28]

卑弥呼という名こそ出てこないが、神功皇后と卑弥呼が同一人物であるかのようである。

これについては、時代は下るが、南北朝期に『神皇正統記』を記した北畠親房もそう考えていた節があり、神功皇后の段で、「『倭國ノ女王使ヒヲ遣ハシテ來朝ス。』ト後漢書ニミエタリ。[29]」と記している。しかし、『日本書紀』の編者達は、敢えて同一人物とはしていない。それには何か理由があったと推測できる。

さて、卑弥呼という女性には母性的要素はあったであろうか。卑弥呼はやはり神から神託を受け国を治める、夫を持たない巫女王であると考えられる。「母儀の徳」の女帝達と治世観が違うのである。しかし、『日本書紀』の編纂時、編者達は、おそらく『魏志』にも『後漢書』にも目を通していたと考えられる。日本にかつて巫女的女王が存在していたことは、紛れも無い事実であり、そしてその女王が「親魏倭王」とされ中国の天子に朝献していたことも隠し様がなかった。そこで書紀の編者達は智恵を絞り、「神功皇后」という人物を創造したのである。巫女として国を治めていた女性、「神功皇后」の誕生である。

神功皇后譚には、新羅に朝貢させていたという四〜五世紀の日本の事実を混ぜ込むことによって我が国の国威を強調する狙いもあったと考えられる。中国に朝貢していた卑弥呼の王朝は、おそらく女帝たちの出現した大和の律令国家とは別の物であったであろう。編者達は『魏志』や『後漢書』の記述を念頭に置きつつ、建国神話から続く大和の律令国家の正統性を歴史書としてまとめる為に、卑弥呼の王朝と女帝達の律令国家を繋げるものとして神功皇后を存在せしめたのである。卑弥呼と神功皇后は巫女性で共通しており、神功皇后と女帝達は母性で共通点を見出す事ができる。こう考えると、何故、『日本書紀』に神功紀がこれほど詳細に、しかも多量に記述されているにも関わらず、後の女帝達が盛んに「徳治」を強調し、女の身ながら帝位につくことの正当性の説明に神功皇后の業績を大いに利用しなかったかが窺い知れよう。つまり、神功皇后は女帝の政治の正当性を表すものではなく、日本のシャーマニズム的巫女王の変化だったのである。そして『魏志』における「鬼道に事え、能く衆を惑わす」や『後漢書』の「鬼神の道に事え、能く妖を以て衆を惑わす」という記述はシャーマニズム的政治の後進性を表し、律令国家を目指す日本国としては、中国に対する対抗意識故に隠さねばならなかった事実だったと推察できるのである。

さて、『日本書紀』の皇極紀に天皇が雨乞いの祈りをするくだりがある。

史料11

八月甲申朔、天皇幸南淵河上、跪拝四方。仰天而祈。卽雷大雨。遂雨五日。溥潤天下。（略）於是、天下百姓、倶稱萬歳曰、至德天皇。

〔八月の甲申の朔に、天皇、南淵の河上に幸して、跪きて四方を拝む。天を仰ぎて祈ひたまふ。即ち雷なりて大雨ふる。遂に雨ふること五日。溥く天下を潤す。（略）是に、天下の百姓、倶に称万歳びて曰さく、「至徳まします天皇なり」とまうす。〕

『日本書紀』[30]

ここにおける皇極天皇の行為は、まさに巫女である。しかし、書紀はそれを「神功皇后のようだ」といわず「至徳」という言葉におきかえて賞賛しているのである。また、持統帝も、大雨が降って民が困った時に、罪人の大赦を行い天皇の「徳」を表したという。

中国に対峙し、律令制を導入し政治を行うには、女帝も男帝と同じく「徳治」を前提としなければならなかったに違いない。そして、女帝の時のみ「母儀の徳」という概念を付与したのである。『日本書紀』の編者達は、女王卑弥呼の存在や民族の物である神話や皇祖天照大神を消し去ることはしなかった。中国にいない女帝の存在もまぎれの無い事実だったのである。そういった総ての事柄をふまえ、日本国としての国のありように一貫性と独自性をもたせるための産物が「神功皇后」だったのではなかろうか。「神功皇后」という人物はそういった日本の治世観と中国の治世観の衝突点に位置するのである。

卑弥呼――神功皇后――女帝達という一本の流れは、「時には女人が政治の中枢に座し政治を行っても何ら問題は無いのだ」という日本の治世観を表している様にも見える。そして、その統治観は、「巫女性」と「母儀の徳」の両方を兼ね備えたものだったと思うのである。「神功皇后」は、卑弥呼と女帝達を結び合わせる存在として誕生したのではないだろうか。

元亨二年（一三二二）に成立した仏教史書、『元亨釋書』には興味深い表現が出てくる。

史料12

神功聖后神武震海外。三韓共爲遠藩而貢献相續。『元亨釋書』(31)

〔神功聖后の神武海外を震し、三韓共に遠藩と爲す而貢献相續く。〕

神功皇后が「聖后」となっている。これこそ正に『日本書紀』に書かれた神功皇后の姿ではなかろうか。そして、そのかたちが、時代が下るに従って「聖母《しょうも》」という呼称になっていったのではないかと推測できるのである。

後に「聖母大菩薩」と称されてゆくのは、単に八幡神の母として崇められた為ではなく、神功皇后が、人と神の中間に位置する国民の聖なる母、まさに「聖母《しょうも》」という存在だったからではないかと思うのである。

第二章　日本独自思想の象徴としての神功皇后

第一節　天照大神をめぐる異朝思想への対抗

鎌倉時代後期に成立した『日本書紀』の注釈書、『釋日本紀』には天照大神についても、色々著されている。

史料13

・大日孁貴　ヲホヒルメノムチ

私記曰。問。讀貴字云武智。其意如何。答。蓋古者、謂尊貴者爲武智歟。自餘諸神、或謂之尊、或謂之命。今天照大神、是諸神之最貴也。故云武智。

［私記曰ク。問フ。貴字ヲ讀ニ、武智ト云フ。其ノ意如何。答フ。蓋シ古ハ、尊貴ハ謂フ武智爲ル歟。自餘諸神、或ハ之尊ト謂ヒ、或ハ之命ト謂フ。今天照大神、是諸神ノ最貴ナリ。故ニ

武智云フ。」『釋日本紀』[32]

まず、この一文で分かる事は「大日孁貴　ヲホヒルメノムチ」は天照大神の別名だという事である。では、次の史料を見てみよう。

史料14

・大日孁貴

私記曰。問。日者是陽精、月者是陰精也。卽以君爲日、以臣爲月也。卽此陰陽之別也。而今謂日神爲女神、謂月神爲男神也。何其相反乎。

答。今此所問者、是唐書之義也。今此間、謂日神爲於保比留咩、謂月神爲月人男。是自、本朝神靈之事耳。未必與唐書同也。

［私記曰ク。問フ。日ハ是陽精、月ハ是陰精ナリ。卽ニ君以テ日ト爲シ、臣以テ月ト爲スナリ。卽チ此陰陽ノ別也。而今日神ト謂フハ女神爲リ。月神ト謂フハ月人男神爲リ。何デ其レ相反スカ。

答フ。今此レ問フ所ハ、是唐書ノ義ナリ。今此間、日神ト謂フハ於保比留咩爲リ。月神ト謂フハ月人男爲リ。是ニ自リ、本朝神靈ノ事耳《のみ》。未ダ必ズ唐書ト同ジニアラズナリ。」

『釋日本紀』[33]

史料14では、天照大神について、「日は陽のこころ、月は陰のこころである。君は日であり、臣は月である。しかし、今、日神が女神で、月神が男神である。どうして、（陰陽五行思想に）相反しているのか。」という質問に、「今問うているのは、唐の書の義（すじ道・理由）であり、今ここでは、日神は於保比留咩《おおひるめ》（天照大神）であり、月神は月人男である。よって、本朝の神霊だけであり、必ず唐書と同じではない。」と答えている。つまり、六世紀ころ百済から伝来したと言われている、陰陽五行思想に照らし合わせると女神である天照大神が陽である日神であること、また君であることは大きく矛盾していたのであるが、日本では天照大神が日神であり、それは、我が国の神霊だけであって、必ずしも唐の理由と一致しているわけではない、と日本の独自性を述べているのである。

次の史料は正慶元年（一三三二）ごろ、吉田流の卜部氏の出といわれる慈遍が書いたもので、伊勢神道の強い影響のもとで、『先代旧事本紀』の神道思想を論じた、『旧事本紀玄義』からのものである。

史料15

又謂天照太神雖女。而陽故上天也。素戔嗚尊雖男。而陰故下地也。

「又謂はく、天照太神は女なりと雖も、陽なるが故に天に上るなり。素戔嗚尊は男なりと雖も、陰なるが故に地に下るなり。」　『旧事本紀玄義』[34]

慈遍は「天照大神は女神だが陽であり、素戔嗚尊は男神だが陰である」とはっきり述べている。「所謂陰陽、性、一なるが故に違はざるなり。」(35)となんとか陰陽思想にすり合わせようと努力しているようだが、結局「天照大神は女神だが陽」と日本古来の天照大神の姿を変えようとしていない。これも中国の思想をはね返しているとみて良いであろう。

当時、絶対的文化先進国であった中国の思想に対抗するのに女神の存在を強調する事は、かなり日本の国家としての自信が窺い知れよう。

第二節　神功皇后と女人政治

永享五年（一四三三）四月二十一日、将軍足利義教は、誉田八幡宮（現大阪府羽曳野市）に、『誉田宗廟縁起絵巻』・『神功皇后縁起絵巻』計五巻を奉納している。

足利義教は、三代将軍足利義満の子で、はじめ義円と称して天台座主をつとめていたが、兄の将軍義持の死後、還俗して室町幕府の第六代将軍になった人物である。この足利義教が将軍になったいきさつは、特異なものである。彼と異母兄弟、足利永隆・義昭・義承の四人が候補者になり、籤引きによって六代将軍の座に就くことになったからだ。この、籤を引いた場所が八幡宮である。どこの八幡宮であったかは、諸説あるので、ここでは触れない。ただ、八幡宮であったことは、「第二の宗廟」として、また武勇の神として、八幡神が崇敬されていた証拠だと思われる。

史料16

管領畠山諸大名評定して。勝定院の御連枝の中をば八幡の寶前にて御鬮をとりけるに。青連院門主《義圓》勝定院舎弟。御鬮におりけるとなん。将軍《義教》になしたてまつりぬ。御果報のふしぎさも神りょにてあれば。めでたき世のためしにてましますなり。やがてしだいの御せうしんありて室町殿と申す。いつしか人もおぢおそれたてまつりて御威勢おもければ。天下もおさまり海内もしづかなり。『椿葉記』[36]

『椿葉記』は、永享六年（一四三四）に貞成親王によって記された家伝書である。「運のいいことも、神慮であるならば、めでたい世の例であることだ」と述べており、八幡神の神慮を承諾している様子が分かる。

こういった八幡神の神慮によって室町幕府の将軍になった足利義教が、誉田八幡宮に『誉田宗廟縁起絵巻』とともに、『神功皇后縁起絵巻』を奉納しているのは大変興味深い。しかも、『誉田宗廟縁起絵巻』は、この時代八幡縁起として伝わっていた神功皇后譚を中心とした内容とは全く異なっている。その目次だけ、ここに書き出してみたら良く理解できよう。

［上巻］

第一段　応神天皇の治世と崩御の段

第二段　応神天皇の葬送の段

第三段　応神天皇の山陵を築造する段

第四段　応神天皇を山陵に葬る段

第五段　陵域を定める段

第六段　山陵の守護を定める段

［中巻］

第一段　陵前に社殿を建立し、八幡大菩薩を勧請する段

第二段　欽明天皇が参籠する段

第三段　聖徳太子が参籠する段

第四段　役行者が参籠する段

第五段　行基が参籠する段

［下巻］

第一段　空海が参籠する段

第二段　空海が祈雨の修法をおこなう段
第三段　菅原道真が参籠する段
第四段　社殿を移築する段
第五段　後冷泉院が行幸する段
第六段　山陵に奉幣する段
第七段　山陵を修復する段
第八段　山陵が鳴動し、朝廷で亀卜する段
第九段　誉田宗廟で若宮大菩薩が鳩の姿で現れる段
第十段　誉田の由来と清和源氏による崇敬の段

『誉田宗廟縁起絵巻』[37]

以上のように『誉田宗廟縁起絵巻』には、従来の八幡神の由来には必ず登場した神功皇后の事が全く書かれていないのである。しかし、それと同時に、足利義教は『神功皇后縁起絵巻』として、そのときまで八幡神の縁起とされていた、神功皇后が中心の、『日本書紀』から続く、多くの神の助けを借りて神功皇后が新羅を攻め靡かす物語を制作し、奉納しているのである。足利義教という人物は、八幡信仰の本質を正確に見極めていたと言っても過言ではないであろう。

さて、その『神功皇后縁起絵巻』には、次の様な部分が書かれている。

史料17

皇后、高良大明神をもて牒使として、勅宣の旨を仰けれハ(ママ)、新羅・高麗才の国王・大臣大に嘲哢して云、日本ハ(ママ)賢きくになり、なむそ女人を大将軍とするや、と

『神功皇后縁起絵巻』(38)

神功皇后が攻め入る旨を敵方に告げると、相手国側は、「日本は賢い国だ。何故女人を大将軍とするのか」と馬鹿にしておもしろがってからかい、「賢い国だ」と皮肉まで いう。しかし、このあと神功皇后軍が勝利するのである。この物語は日本で制作されたものだから、日本自身が相手国に嘲哢されることを書き綴っているわけで、それを撥ね退け、神功皇后が勝利する物語に仕上げているのである、これこそ、中国や朝鮮の思想におもねっていない証拠ではないだろうか。次の史料は群書類従に所収されている『八幡愚童訓』である。成立は、一三〇八～一三一八年頃で、著者は石清水八幡宮の祠官だといわれている。

史料18

爰高麗ノ国王・大臣・人民等大ニ嘲哢シテ、返牒詞云、「日本ハ此レ賢所也。女身ヲ以テ軍兵ト為シ敵国ヲ傾ムト欲ス。何況《いかにいわんや》男身ノ武芸哉。敢テ敵対スベカ

ラズ」トゾ嗚呼ヅキケル。『八幡愚童訓』[39]

これも、「高麗の王・大臣・人民等が、馬鹿にしておもしろがって『日本は賢い所だ。女を軍兵として、敵国を滅ぼそうとしている。そんな国の男の武芸はどんなものであろうか。敢て敵対する必要などない。』とばかにした。」という内容である。しかし、この続きに神功皇后が乾珠・満珠の力を借りて三韓を亡ぼし、著者は次の様な一文を書いている。

史料19

遠ク異代ヲ訪ヒ、近ク本朝ヲ尋ルニ、女人合戦ノ場ニ趣テ、隣国ノ怨ヲ退ル事未ダ其ノ例ヲ聞カズ『八幡愚童訓』[40]

このように、女人が合戦の場に参加することは其の例を見ないということを、文章に織り込むのは、特に政治において日本独特の国のありようを説明しているのではないかと考えられるのである。

中世には、周知の如く北条政子や、日野富子といった国家を揺るがす程の権限を握った女人が登場した時期でもある。北条政子はその代表的な女人政治家である。

承久三年五月十九日、京都から鎌倉倒幕の綸旨が出され、動揺する鎌倉武士達を前に北条政子が言った言葉が『吾妻鏡』にしるされている。

史料20

二品招家人等於簾下。以秋田城介景盛示含曰。皆一心而可奉。是寂期《ママ》詞也。故右大将軍征罰朝敵。、草創關東以降。云官位。云俸祿。其恩既高於山岳。深於溟渤。報謝之志淺□乎。而今依逆臣讒。被下非義綸旨。惜名之族。早討取秀康。胤義等。可全三代將軍遺跡。但欲參院中者。只今可申切者。

「二品家人等を簾下に招き、秋田城介景盛を以て示し含めて曰く、皆心を一にして、奉る可し、是寂後の詞なり、故右大将軍朝敵を征罰し、關東を草創してより以降、官位と云ひ、俸祿と云ひ、其恩既に山岳よりも高く、溟渤よりも深し、報謝の志淺からんや、而るに今逆臣の讒に依りて、非義の綸旨を下さる、名を惜しむの族は、早く秀康、胤義等を討取り、三代將軍の遺跡を全うす可し、但し院中に參らんと欲する者は、只今申切る可し」[41]

これを聞いた鎌倉武士達は、ある者は深く心を動かされ、ある者は涙し、必ずこの恩に報いるのだと決意を固めたという。この時、政子は、夫頼朝はもとより二人の息子、娘達、孫息子達、これら総てを見送り、頼るべきは弟の北条義時ただ独りとも言えるほど孤独な身の上であった。しかし、『吾妻鏡』の記述からはその様な寂莫たる姿の政子を読みとることはできない。

武士達を激励したその夜、義時の館で行われた、後鳥羽上皇の兵をどう迎え討つかという軍議においても、御家人達の意見は「所詮固關足柄。筥根兩方道路可相待之由：所詮足柄、筥根の兩方の道路を固關して、相待つ可き[42]」と「任運於天道。早可被發遣軍兵於京都。：運を天道に任せて、早く軍兵を京都に發遣せらる可し[43]」に分かれる。その場でも「不上洛者。更難敗官軍歟。：上洛せずば、更に官軍を敗り難からんか[44]」という政子の鶴の一声により、鎌倉から武士が京都に向うことになり、幕府軍は官軍に圧勝したのである。結果、後鳥羽院・土御門院・順徳院はそれぞれ隠岐・土佐・佐渡へ、六条宮・冷泉宮は但馬・備前へ流されることになった。いわゆる承久の乱である。東国の武士の後家が上皇たちを島流しにする、などというのは「漢家、本朝ニモカヽル様ハアラジトゾ覚タル」（『承久記[45]』）という程、前代未聞のことであった。

これは勿論、北条政子一人で成し得たことではない。政子に従いその後援をした男達が存在したからこそ、政子の意向が政治に反映されたのである。ならばこの様に女人が政治の中枢にいて自己の意を行使することに対し、それを是として人々を納得させる何らかの思想的背景が存在したというのは自明であるといえよう。

嘉祿元年七月十一日、北条政子は病により没した。『吾妻鏡』は再び語る。

史料21

十一日庚午。晴。丑刻。二位家薨。御年六十九。是前大將軍後室。二代將軍母儀也。同于前漢之呂后令執行天下給。若又神功皇后令再生。令擁護我國皇基給歟云々。

［十一日　庚午　晴、丑刻、二位家薨ず、御年六十九、是前大將軍の後室、二代將軍の母儀なり、前漢の呂后に同じくして、天下を執行せしめ給ひ、若しくは又神功皇后再生せしめ、我國の皇基を擁護せしめ給ふかと云々、］(46)

『吾妻鏡』の編者は、東国鎌倉から政務を執行し、武家政治の礎を築き、その一生を終えた政子に対し、我が国の前例として「神功皇后」という符号を与えている。

また、鎌倉時代の軍記、『承久軍物語』は、次の様に結ぶ。

史料22

けんしんあくわうにつかへてもおさまらず。一人いかる時はつみなきものをもばつせられ。一人よろこぶ時は忠なふしてしやうせらる。されば天これをにくみ給ふにや。四かいにせんじをくだされ。しよこくにちよくしをつかはされけれども。いさ、かしたがひ奉るものもなし。これよりいよ〳〵武家。天下のけんをとつて。せいだうをほしいまゝにせしかば。日本國なびかぬ艸木はなかりけり。

『承久軍物語』(47)

承久の乱の責任は「あくわう」・後鳥羽上皇にあると痛烈に批判し、これより日本国はいよいよ武家の世になるだろうとしている。この『承久軍物語』は、北条政子に「につほんごくには女ばうのめでたきためしにあまをこそ申なれ共。あまほどに物思ひふかきもの世にあらじ。(48)」と語らせている。政子は、「日本の女人のすばらしい例」であったのである。北畠親房も『神皇正統記』において、「頼朝の勲功は認めるが、天下を思う様にされ、ましてやその後を後家である政子とその臣下である義時に取られたのでは、君主として上皇方は、おもしろくなかったであろう。」としながらも、「是ニマサル程ノ徳政ナクシテイカデタヤスククツガヘサルベキ。（略）後室ソノ跡ヲハカラヒ、義時久ク彼ガ権ヲトリテ、人望ニソムカザリシカバ、下ニハイマダキズ有トイフベカラズ。一往ノイハレバカリニテ追討セラレンハ、上ノ御トガトヤ申べキ(49)」。

と、政子と義時の政治には落度がなく、君主として是に勝る程の徳政が無かったにも関わらず、追討を命じた承久の乱は、朝廷方の咎であるとしている。親房も、女人である政子の政治参加に何ら異議を唱えてはいなかったのである。

おわりに

鎌倉前期の天台宗の僧慈円は、その著書『愚管抄』の中で、五回「女人入眼」と言う言葉を使用しているが、その内の三つが、「女人此國ヲバ入眼ス」[50]、「日本國女人入眼」[51]、「女人入眼ノ日本國」[52]となっており、日本国と女人を関連付けて記述している。

さらに、時代は下るが、文明九年（一四七七）、当時出家遁世していた夫にかわり、九代将軍で息子である足利義尚の後見をしつつ、権力を振っていた室町幕府八代将軍の室日野富子の求めに応じて、公卿で当代一の学者と言われた一条兼良が『小夜のねざめ』[53]と言う一通の随筆を贈っている。その中で、「日本國は和國とて女のおさめ侍るべき國なり」と述べている。また、もうひとつ日野富子の息子、将軍足利義尚に懇望され、同じく兼良が記した政道書『樵談治要』にも、日本を差して「女のおさむべき國」[54]と書いている。そして、その亀鑑として、『小夜のねざめ』にも、『樵談治要』にも、神功皇后が示されているのである。

この様に神功皇后の存在は、日本独自の女性統治者の在り方をも示しているのではないだろうか。そして、そのかたちは神功皇后に代表される「聖母《しょうも》」という様式ではなかったかと思うのである。

註

（1）『神道集』（神道大系　文学編　神道大系編纂会　一九八八年）七頁。
（2）『神道集』（神道大系　文学編　神道大系編纂会　一九八八年）二〇頁。
（3）『神道集』（神道大系　文学編　神道大系編纂会　一九八八年）二四頁。
また、別の伝本では、「今の大菩薩の本記は、神功皇后是なり」と、なっている。『神道集』（近藤喜博編著　角川書店　一九五九年）三八頁。
（4）『日本書紀　二』（岩波文庫　二〇〇一年）一二四頁。四八九頁。
尚文中の傍線および丸かっこで囲んだ部分は、全て上嶌によるものである。
（5）『日本書紀　二』（岩波文庫　二〇〇一年）一五二頁。四九七頁。
（6）『日本書紀　三』（岩波文庫　二〇〇〇年）一六四頁。四五四頁。四五五頁。
（7）『釋日本紀』（神道大系　古典註釋編　神道大系編纂会一九八六年）三一三頁。
（8）『日本書紀　三』（岩波文庫　二〇〇〇年）一六四頁。四五五頁。
（9）『釋日本紀』（神道大系　古典註釋編　神道大系編纂会一九八六年）三一二頁。
（10）『日本書紀　二』（岩波文庫　二〇〇一年）一三二頁。四九二頁。
（11）『神皇正統記』（『神皇正統記・増鏡』　日本古典文学大系　岩波書店　一九六五年）七七頁。
（12）『神皇正統記』（『神皇正統記・増鏡』　日本古典文学大系　岩波書店　一九六五年）九〇頁。
（13）ただし「徳」については、「寡徳を以て」「寡薄を以て」などの、天皇が謙譲の意で使用しているものや、「聖化」といった別の表現が頻繁に出て来るため、それらを省き、「徳」と言う漢字のみに注目してある。
(14)『日本書紀　四』(岩波文庫　二〇〇一年)一九四頁。三四六頁。三五二頁。四八七頁。五三一頁。五三三頁。
『日本書紀　五』(岩波文庫　二〇〇〇年)二三三頁。二五二頁。四三九頁。四四五頁。

『続日本紀　一』(新日本古典文学大系　岩波書店　一九八九年)。一三四〜一三五頁。

『続日本紀　二』(新日本古典文学大系　岩波書店　一九九〇年)。六〇〜六一頁。一三六〜一三七頁。二一六〜二一七頁。

『続日本紀　三』(新日本古典文学大系　岩波書店　一九九二年)。一四二〜一四三頁。一七〇〜一七一頁。二三〇〜二三一頁。二四八〜二四九頁。二六八〜二六九頁。二七〇〜二七三頁。

『続日本紀　四』(新日本古典文学大系　岩波書店　一九九五年)。一三八〜一三九頁。一七二〜一七三頁。二八二〜二八五頁。二八八〜二八九頁。
(15)『日本書紀　四』(岩波文庫　二〇〇一年)一四六頁。四七二頁。
(16)『続日本紀　三』(新日本古典文学大系　岩波書店　一九九二年)四〇八〜四〇九頁。
(17)『日本書紀　五』(岩波文庫　二〇〇〇年)二三二頁。
(18)『日本書紀　四』(岩波文庫　二〇〇一年)二四〇頁
(19)『日本書紀　五』(岩波文庫　二〇〇〇年)二三二頁。
(20)『続日本紀　二』(新日本古典文学大系　岩波書店　一九九〇年)一四一頁。
(21)『続日本紀　二』(新日本古典文学大系　岩波書店　一九九〇年)二二三頁。
(22)『続日本紀　二』(新日本古典文学大系　岩波書店　一九九〇年)一四〇〜一四一頁。

(23)『続日本紀　三』(新日本古典文学大系　岩波書店　一九九二年)二四二〜二四三頁。
(24)『魏志倭人伝』(『魏志倭人伝・後漢書倭伝・宋書倭国伝・隋書倭国伝』中国正史日本伝一　岩波文庫　二〇〇一年)四九頁。一一二頁。
(25)本文中の、和暦、中国暦に伴う西暦の表記については、必要と思われる場合にのみ併記した。
(26)『魏志倭人伝』(『魏志倭人伝・後漢書倭伝・宋書倭国伝・隋書倭国伝』中国正史日本伝一　岩波文庫　二〇〇一年)五一頁。一一三頁。
(27)『後漢書倭人伝』(『魏志倭人伝・後漢書倭伝・宋書倭国伝・隋書倭国伝』中国正史日本伝一　岩波文庫　二〇〇一年)五八頁。一二一頁。
(28)『日本書紀　二』(岩波文庫　一九九四年)一七二頁。五〇三頁。
(29)『神皇正統記』(『神皇正統記　増鏡』日本古典文学大系　岩波書店　一九六五年)七八頁。
(30)『日本書紀　四』(岩波文庫　一九九四年)一九四頁。四八七頁。
(31)『元亨釋書』(『日本高僧傳要文抄・元亨釋書』新訂増補　国史大系　吉川弘文館　一九六五年)一三二頁。
(32)『釋日本紀』(神道大系　古典註釋編　神道大系編纂会　一九八六年)四〇九頁。
(33)『釋日本紀』(神道大系　古典註釋編　神道大系編纂会　一九八六年)一一四頁。
(34)『旧事本紀玄義(抄)』(『中世神道論』日本思想大系　岩波書店　一九七七年)一四四頁。三〇五頁。
(35)『旧事本紀玄義(抄)』(『中世神道論』日本思想大系　岩波書店　一九七七年)一四四頁。
(36)『椿葉記』(『群書類従　第三輯　帝王部』続群書類従完成会　一九八〇年)一四四頁。
(37)『誉田宗廟縁起絵巻』(『絵巻物集　羽曳野市史文化財遍別冊』羽曳野市史編纂委員会

一九九一年）二～五一頁。
(38)『神功皇后縁起絵巻』（『絵巻物集　羽曳野市史文化財遍別冊』　羽曳野市史編纂委員会　一九九一年）八〇頁。
(39)『八幡愚童訓』（『寺社縁起』　日本思想大系　岩波書店　一九七五年）一七六頁。
(40)『八幡愚童訓』（『寺社縁起』　日本思想大系　岩波書店　一九七五年）一七六頁。
(41)『吾妻鏡』（『吾妻鏡　四』　岩波文庫　一九九七年）一九一～一九二頁。
(42)『吾妻鏡』（『吾妻鏡　四』　岩波文庫　一九九七年）一九二頁。
(43)『吾妻鏡』（『吾妻鏡　四』　岩波文庫　一九九七年）一九二頁。
(44)『吾妻鏡』（『吾妻鏡　四』　岩波文庫　一九九七年）一九二頁。
尚、(41)(42)(43)(44)の漢文史料は全て『吾妻鏡第二』（新訂増補国史大系　吉川弘文館　一九九三年）の七六六頁～七六七頁を使用した。
(45)『承久記』（『保元物語・平治物語・承久記』　新日本古典文学大系　岩波書店　一九九二年）三六六頁。
(46)『吾妻鏡』（『吾妻鏡　五』　岩波文庫　一九四四年）六三頁。
漢文史料は『吾妻鏡第三』（新訂増補国史大系　吉川弘文館　一九九二年）三一頁を使用した。
(47)『承久軍物語』（『群書類従　二〇　合戦部』　続群書類従完会　一九三三年）一四二頁。
(48)『承久軍物語』（『群書類従　二〇　合戦部』　続群書類従完会　一九三三年）七八頁。
(49)『神皇正統記』（『神皇正統記・増鏡』　日本古典文学大系　岩波書店　一九六五年）一六〇頁。
(50)『愚管抄』（『愚管抄』　日本古典文学大系　岩波書店　一九六七年）一四九頁。

(51)『愚管抄』(『愚管抄』 日本古典文学大系 岩波書店 一九六七年)二四三頁。
(52)『愚管抄』(『愚管抄』 日本古典文学大系 岩波書店 一九六七年)三〇四頁。
(53)『小夜のねざめ』(『群書類従』二七 雑部 続群書類従完成会 一九三一年)一八三頁
(54)『樵談治要』(『群書類従 二七 雑部』 続群書類従完成会 一九三一年)二〇三頁。

あとがき

応永二十六年（一四一九）、倭寇に悩まされていた朝鮮は、その王太宗の軍勢をもって、倭寇の根拠地と考えられていた対馬を襲った。世に言う応永の外寇である。対馬の守護宗貞盛の防戦により、朝鮮軍は間もなく撤退したが、京の都は、「またもや蒙古の襲来か」と騒然となる。その時期、貞成親王によって書かれた『看聞御記』に次の様な不思議な記述が出て来る。

史料1

応永廿六年六月廿五日

出雲大社震動流血云々。又西宮荒戎宮震動。又軍兵數十騎廣田社ヨリ出テ東方へ行。其中ニ女騎之武者一人如大將云々。神人奉見之。其後爲狂氣云々。自社家令注進。伯二位馳下尋實否云々。異國襲來瑞想勿論歟。又廿四日夜八幡鳥居風不吹ニ顚倒了。若宮御前鳥居也。さ、やきの橋打碎云々。室町殿御參籠時分也。殊有御驚云々。諸門跡諸寺御祈禱事被仰云々。

〔出雲大社震動シ流血スト云々、又西宮荒戎宮モ震動ス、又軍兵數十騎廣田社ヨリ出テ東方へ行ク、其ノ中ニ女騎ノ武者一人大将ノ如シト云々、神人之ヲ見奉リ、其後狂氣爲スト云々、社家自リ注進令シメ、伯二位馳セ下シ實否ヲ尋ルト云々、異国襲來瑞想勿論歟、又廿四日夜八幡鳥居風吹カズニ顚倒シオワンヌ、若宮御前ノ鳥居ナリ、サ、ヤキノ橋打砕ルト云々、室町殿御參籠ノ時分ナリ、殊に御驚有リト云々、諸門跡諸寺御祈禱事仰サルト云々[1]〕

大将とおぼしき女騎の武者が、軍兵を率いて東方に向かうのを見て、神人が狂気に陥ったことや、各々の神社で変事が起こったことを異国襲来に対する瑞相である、としている。広田社は、北畠親房の記した『二十一社記』にも「廣田社、神功皇后、八幡同體申也、但不慥故、宗廟不准、若八幡同體坐、宗廟可准也、：広田社、神功皇后、八幡同體申ス也、但シ慥カナラズ故、宗廟ニ准サズ、若シ八幡同體ニ坐セバ宗廟ニ准ス可也[2]」と見られるように、神功皇后と縁の深い神社である。そこで、「女騎之武者」が兵を率いて出征してゆく姿が目撃されたというのであるから、おそらくこの女大将は神功皇后であろう。また、『看聞御記』には次の様な事も書かれている。

史料2

応永廿六年八月十三日

圓寂云々。抑異国襲來事去六日探題注進狀不慮披見記之。

「　畏言上
抑六月廿日蒙古高麗一同ニ引合て軍勢五百餘艘對馬嶋ニ押寄。彼嶋を打取之間。我等大宰小貳カ勢許にて時日をうつさす浦々泊々の舟着にて日夜之間合戰を致之間。

敵御方死する物其數をしらす。卽難儀之間。九ヶ國の軍勢を相催。同廿六日各手をくたき安否の合戰を致之間。異国の軍兵三千七百餘人打取斬棄。（略）さる間合戰寂中奇特神變。不思儀の事一廉ならす。敵の舟ニおいて雨風震動す。雷と、ろき。霰降。大寒手こ、へて打物の束もにきられす。冰死する物其限を不知。就中ニ奇瑞ニハ。合戰難儀の時節。いつくよりとはしらす。大船四艘錦の旗三流差たるか。大將とおほしきハ女人也。其力量へからす。蒙古か舟ニ乗移て軍兵三百餘人手取にして海中ニ投入了。大將蒙古か弟其外以下咎の物廿八人。少々ハ卽時ニ斬棄。相殘七人ハ上意ニよてのほすへし。廿七日半夜過程ニ異國の殘の兵とも皆々引退。蒙古打死と風聞す。（略）如此急速ニ落居併神明の威力ニ仍也。上様の御運も殊目出畏入候。委細猶略して注進狀如件。（略）」

雖末代神明ノ威力。吾國擁護顕然也。此注進狀正說也。

［圓寂云々、抑異国襲来去ル事六日探題ノ注進狀ヲ慮ズモ披見シ之ヲ記ス、

「　畏言上

抑六月廿日蒙古高麗一同ニ引合テ軍勢五百余艘對馬嶋ニ押寄、彼嶋ヲ打取ノ間、我等大宰小貳ガ勢許ニテ、時日ヲウツサズ浦々泊々ノ舟着ニテ日夜之間合戰ヲ致スノ間、敵御方死スル物其数ヲシラズ。既ニ難儀之間、九カ國ノ軍勢ヲ相催シ、同廿六日各手ヲクダキ安否ノ合戰ヲ致之間、異国ノ軍兵三千七百餘人打チ取リ斬リ棄ル。（略）サル間合戰ノ寂中奇特神變、不思議ノ事一廉ナラズ。敵ノ舟ニオイテ雨風震動ス、雷トドロキ、霰降リ、大寒手コゴエテ打物ノ束モニギラレズ、冰死スル物其ノ限ヲ知ラズ。就中ニ奇瑞ニハ、合戰難儀ノ時節、イヅクヨリトハシラズ、大船四艘錦ノ旗三流差タルカ、大將トオボシキハ女人也、其力量ベカラズ。蒙古ガ舟ニ乗移テ軍兵三百餘人手取ニシテ海中ニ投ゲ入レオワンヌ。大將蒙古ガ弟其外以下咎ノ物廿八人、少々ハ卽時ニ斬棄テ、相殘ル七人ハ上意ニヨッテノボスベシ。廿七日夜半バ過グル程ニ異國ノ殘ノ兵ドモ皆々引退リ、蒙古打死ト風聞ス。（略）此如急速ニ落居併神明ノ威力ニ仍也上様ノ御運モ殊ニ目出タク畏入候。委細猶略シテ注進狀件ノ如シ。（略）」

末代ト雖モ神明ノ威力、吾ガ国ノ擁護顕然也、此注進狀正説也。[3]」

蒙古も高麗も混濁した内容であるが、やはり、我が国方の苦戦中に、風雨が起こり錦の旗を差した船が現れ、大将と見られる女人が敵の兵を海中に投げ入れた、と瑞相を強調している。錦の旗は八幡神の「幡」と推察できるので、この「女人」は神功皇后のことであろう。

我が国にとって、未曾有の国難であった蒙古の襲来から、凡そ一世紀半後の貴族の日記にも、当時の人々が、外国から攻められる様な事件があると、その都度神功皇后の神威を頼みにしていたことが窺い知れよう。神功皇后は我が国を鎮護する「聖母《しょうも》」だったのである。

奈良の往馬大社（生駒神社）は延喜式にも正倉院文書にもその名が見られるぐらい古い神社である。もともとは、この地の産土神を祭っていたのであるが、現在は、七座の神が鎮座している。伊古麻都比古神（産土大神）・伊古麻都比賣神（産土大神）・気長足比賣尊（神功皇后）・足仲津比古尊（仲哀天皇）・誉田別尊（応神天皇）・葛城高額姫命（神功皇后の母）・息長宿祢王命（神功皇后の父）であるが、産土神の伊古麻都比古・伊古麻都比賣以外は神功皇后ファミリーと呼んでもいいのではないだろうか。社伝によると、神功皇后関係の祭神は鎌倉時代に祀られたという。また、同神社には、康正二年（一四五六）に『生馬八幡大菩薩縁起』という絵巻が奉納されている。[4] 名前こそ往馬大社であるが、鎌倉時代以降は、八幡神社の一つと呼んでも良いぐらい祭神が変化している。これも、中世以降の、社会と神々の関係が窺える例と言って良いであろう。特に、この往馬大社は、神功皇后が中心と考えられる程であるから、中世人の神功皇后への崇敬がよくわかるのではないだろうか。
諺に「牝鶏晨《ひんけいあした》す」というものがある。「めんどりがおんどりに先んじて朝の時を告げること。災いを招くとして忌まれた。また女が男に代わって権勢を振るうたとえ。」とされている。出典は『書経』牧誓の、「古人有言曰　牝鶏無晨　牝鶏之晨　惟家之索」で、「牝鶏は晨する無し。牝鶏の晨するは、惟れ家の索《つ》くるなり。[5]」と読み下し、女が権勢を振るうと国や家が衰える前兆であるという意味である。これは、輸入の思想である。『書経』は、前漢の武帝の頃に既にあったというから、紀元前の書物であり、日本にも当然、古代律令国家の時代には伝わって来ていたであろう。これが、それ程重要な思想と受け止められていたならば、女帝の登場や、国史である『日本書紀』に神功皇后が書き記されることも、北条政子が褒め称えられることも無かったであろう。

　天保九年（一八三八）奈良県の片田舎の主婦中山みきが天啓を受けて、後に大教団となる天理教がおこる。また、明治二五年（一八九二）には、京都府綾部でやはり一主婦出口なおが神がかりして、大本教が開教される。中山みき・出口なおの共通点を考えるならば、やはり、「聖母《しょうも》」性である。

　この様に日本には、日本独自の思想があり、神功皇后に代表される様な「聖母《しょうも》」を受け入れる素地があったと言えるのではないだろうか。

最後になったが、本書は二〇一一年に奈良女子大学大学院に、『聖母論《しょうも》―中世における神功皇后像とその影響について―』と題して提出し、学位を取得した博士論文に加筆修正を加えたものである。今後も研鑽を積みたいので、皆様からご教示を仰げれば幸いに思う。

振り返ると子育て中の主婦が、三十代後半に大学院に入学し、パソコンの使い方から出発した研究生活であったが、何とか論文提出までの一区切りをつけられたのは、多くの人々の助けがあったからだと深く感謝している。初歩から御指導くださった主査の西谷地晴美先生、中学時代に日本史を習い、二十数年後に再び御指導を受けることになった小路田泰直先生、研究以外の事まで相談に乗ってくださった西村さとみ先生をはじめ、奈良女子大学の先生方や職員の方々には本当にお世話になった。また、一回り以上年齢の離れた私を温かく迎えてくれた大学院の友人達、出版まで長い間待ってくださった溪水社の皆様、そして、家事や子育てを手伝ってくれた両親と「いい加減なお母さん」に我慢して支えてくれた家族にこの場を借りて謝意を表したい。

二〇一七年

上嶌　真弓

註

（1）『看聞日記』（『続群書類従　補遺二　看聞御記（上）』続群書類従完成会　一九九九年）一九一頁。

（2）『二十一社記』（『神道大系　論説編　北畠親房（上）』神道大系編纂会　一九九一年）三一七頁。

（3）『看聞日記』（『続群書類従　補遺二　看聞御記（上）』続群書類従完成会　一九九九年）一九七～一九八頁。

（4）『生駒市誌』（『生駒市誌』　資料編Ⅰ　生駒市誌編纂委員会　一九七一年）一二一～一八一頁。
また、往馬大社ホームページも参照。

（5）『故事・俗信ことわざ大辞典』（小学館　一九八二年）九九八頁。

初出一覧

第一部「中世における神功皇后の認識と評価」
（奈良女子大学大学院『人間文化研究科年報』第二五号　二〇一〇年三月）

第二部「日本書紀注釈にみる神功皇后―『釋日本紀』を基軸として―」
（奈良女子大学史学会『寧楽史苑』第五四号　二〇〇九年二月）

第三部・第四部は書下ろし

【著者】

上嶌　真弓（うえじま　まゆみ）

1964年　奈良市に生まれる。
1988年　神戸女学院大学卒業
2011年　奈良女子大学大学院人間文化研究科比較文化学専攻
博士後期課程修了　博士（文学）
奈良女子大学大学院人間文化研究科博士研究員、
公益財団法人　奈良市生涯学習財団指導員を経て
現在　帝塚山大学非常勤講師

中世神功皇后言説
―日本人の精神文化の一側面―

二〇一七年一〇月二〇日　初版第一刷発行

著　者　上嶌　真弓
発行所　株式会社　溪水社
広島市中区小町一―四（〒七三〇―〇〇四一）
電　話　〇八二（二四六）七九〇九
ＦＡＸ　〇八二（二四六）七八七六
E-mail: info@keisui.co.jp

ISBN978-4-86327-410-5 C1021